AF313619

DIRECTIONS

POUR LA

CONSCIENCE

DES ROIS

ET

PRINCES SOUVERAINS,

COMPOSE'ES

POUR L'INSTRUCTION

DE

LOUIS DE FRANCE,

DUC DE BOURGOGNE,

PAR MESSIRE

FRANÇOIS DE SALIGNAC DE LA MOTHE-FENELON, ARCHEVEQUE-DUC DE CAMBRAI, SON PRECEPTEUR.

Et nunc Reges intelligite : Erudimini qui judicatis Terram.
Pſalm. II, 10.

A LA HAIE,

Chez JEAN NEAULME,

M. DCC. XLVII.

AVERTISSEMENT
DE
L'EDITEUR.

CE petit, mais très excellent, Ouvrage n'avoit nullement été composé pour être publié, mais simplement pour servir en manuscrit à l'Instruction particuliere d'un très grand Prince, aussi-bien que le Telemaque du même Auteur, dont on sait que le Public n'est redevable qu'à l'heureuse Supercherie d'un Domestique infidele : & ce n'est vraisemblablement que par le même Moïen, qu'on a pareillement obtenu des Copies des présentes DIRECTIONS.

QUOIQU'IL-EN-SOIT, celle, sur laquelle je les publie aujourd'hui, avoit été faite sur une qui sortoit de l'Hôtel de Beauvillier : & je la donne ici, avec la plus scrupuleuse Exactitude, telle que je l'ai trouvée, sans y avoir changé la moindre Chose, & sans même avoir voulu y rectifier certaines petites Négligences & Irrégularitez de Langage, venuës sans doute de l'Inéxactitude & de la Précipitation des Copistes.

L'OUVRAGE n'en est pourtant, ni moins important ; ni moins utile au Bien Public : & j'ôse bien avancer, sans aucune Crainte d'en être désavoué, que, parmi tous ceux qui ont jamais été faits, tant pour l'Instruction des Souverains en général, que pour celle des Rois de France en particulier, & dont le célebre CLAUDE JOLY, Chantre de l'Eglise de Paris, nous à donné une si curieuse & si intéressante Enumération

mération dans la Préface de son excellent Codicile d'Or, recueilli pour l'Instruction de M. le Dauphin, Fils de LOUIS XIV., *que parmi toutes ces Institutions, dis-je, il n'y en a pas une seule, que celle-ci n'efface, & ne surpasse de bien loin.*

EN-EFFET, de toutes ces Institutions, les unes sont trop longues & trop étenduës, & les autres trop courtes & trop resserrées; les unes trop simples, & trop séches, & les autres trop au-dessus de la Portée des jeunes Gens, qu'il s'agissoit de gagner, & non de rebutter; les unes trop théologiques, & les autres trop philosophiques, au-lieu qu'il ne les falloit que morales & politiques; les unes surchargées d'Erudition plus astueuse que nécessaire, & les autres comme accablées de Réfléxions vagues, plus ennuiantes qu'instructives; & toutes, enfin, beaucoup plus propres à fatiguer la Mémoire, qu'à éclairer l'Esprit : au-lieu qu'ici tout va droit, & de plein Pied, au But réel & effectif d'une saine Politique & d'une sage Administration, judicieusement conçue, & aussi clairement qu'énergiquement exprimée. En un mot, Personne n'avoit encore traité ce grave & important Sujet, ni si précisément, ni si solidement, ni avec cette Fermeté sage & modeste qui ne s'écarte en rien du Respect légitimement dû par un Sujet à son Prince, ni enfin avec autant de Droiture & de Candeur, que le fait ici feu Monsieur DE CAMBRAI.

CE seroit donc, non seulement un grand Dommage, mais même un très-grand Malheur, qu'un si rare & si précieux Ouvrage restât plus long-tems enfoui.

C'EST la seule raison qui m'a engagé de le mettre au jour, je souhaite tant pour l'Honneur & la Gloire des Souverains, que pour le soulagement & le repos des Peuples, qu'il produisse les Heureux effets qu'en esperoit avec tant de Raison son Illustre & très Respectable Auteur.

FELIX DE SAINT GERMAIN.

Ce 11. *Mars* 1747.

DIREC-

DIRECTIONS

POUR LA CONSCIENCE

DES ROIS ET PRINCES SOUVERAINS

COMPOSE'ES

POUR L'INSTRUCTION

DE

LOUIS DE FRANCE,

DUC DE BOURGOGNE (*),

Par Meſſire FRANÇOIS DE SALIGNAC DE LA MOTHE-FENE-
LON, Archevèque-Duc de Cambrai, ſon Précepteur.

INTRODUCTION.

PERSONNE ne ſouhaite plus que moi, MONSEIGNEUR, que vous ſoïés un très-grand Nombre d'Années loin des Périls inſéparables de la Roïauté. Je le ſouhaite par Zele pour la Conſervation de la Perſonne ſacrèe du Roi, ſi neceſſaire à ſon Roïaume, & celle de Monſeigneur le Dauphin (†). Je le ſouhaite pour le Bien de l'Etat. Je le ſou-

A   haite

(*) *Petit-Fils de* LOUIS XIV. *Roi de France & de Navarre; né à Verſailles, le* 6. *d'Août* 1682. *& mort, XX Dauphin de la Maiſon de France, à Marli, le* 18. *de Février* 1712.

(†) LOUIS DE FRANCE, *Fils de* LOUIS XIV. *né à Fontainebleau, le* 1. *de Novembre* 1661. *& mort à Meu-don, le* 14. *d'Avril* 1711.

haite pour le vôtre même : car, un des plus grands Malheurs, qui vous pût arriver, seroit d'être Maître des autres, dans un Age où vous l'êtes encor si peu de vous même. Mais, il faut vous préparer de loin aux Dangers d'un Etat, dont je prie Dieu de vous préserver jusqu'à l'Age le plus avancé de la Vie. La meilleure Maniére de faire connoître cet Etat à un Prince, qui craint Dieu, & qui aime la Religion, c'est de lui faire un *Examen de Conscience* sur les Devoirs de la Roïauté : & c'est ce que je vais tâcher de faire.

DIRECTION I.

Connoissez-vous assez toutes les Véritez du Christianisme ? Vous serez jugé sur l'Evangile, comme le moindre de vos Sujets. Etudiez-vous vos Devoirs dans cette Loi Divine ? Souffririés-vous, qu'un Magistrat jugeât tous les jours les Peuples en vôtre Nom, sans savoir vos Loix & vos Ordonnances, qui doivent être la régle de ses Jugemens ? Espérez-vous, que Dieu souffrira, que vous ignoriés sa Loi, suivant laquelle il veut que vous viviés, & que vous gouverniés son Peuple ? Lisez-vous l'Evangile sans curiosité, avec une Docilité humble, dans un esprit de Pratique, & vous tournant contre vous-même pour vous condamner dans toutes les choses que cette Loi reprendra en vous ?

DIRECTION II.

Ne vous êtes-vous point imaginé, que l'Evangile

gile ne doit point être la regle des Rois, comme celle de leurs fujets ; que la Politique les difpenfe d'être humbles, juftes, fincéres, modérez, compatiffans, prêts à pardonner les Injures ? Quelque lâche & corrompu flatteur ne vous a-t-il point dit, & n'avez-vous point été bien-aife de croire, que les Rois ont befoin de fe gouverner, pour leurs Etats, par certaines Maximes de Hauteur, de Dureté, de Diffimulation, en s'élevant au-deffus des regles communes de la Juftice & de l'Humanité ?

DIRECTION III.

N'avez-vous point cherché les Confeillers en tout Genre les plus difpofez à vous flatter dans vos Maximes d'Ambition, de Vanité, de Fafte, de Moleffe, & d'Artifice ? N'avez-vous point eu peine à croire les hommes fermes & défintéreffés, qui, ne défirant rien de vous, & ne fe laiffant point éblouïr par vôtre Grandeur, vous auroient dit avec refpect toutes vos Véritez ; & vous auroient contredit, pour vous empêcher de faire des fautes ?

DIRECTION IV.

N'avez-vous pas été bien-aife, dans les Replis les plus cachés de vôtre Cœur, de ne pas voir le bien, que vous n'aviés pas envie de faire, parce qu'il vous en auroit trop couté pour le pratiquer : & n'avez-vous point cherché des Raifons pour excufer le mal, auquel vôtre Inclination vous portoit ?

DI-

DIRECTION V.

N'avez-vous point négligé la Priére, pour demander à Dieu la Connoiſſance de ſes Volontez ſur vous ? Avez-vous cherché, dans la Priére, la Grace pour profiter de vos Lectures ? Si vous avez négligé de prier, vous vous êtes rendu coupable de toutes les Ignorances où vous avez vécu, & que l'Eſprit de Priére vous auroit ôtées. C'eſt peu de lire les Véritez éternelles, ſi on ne prie pour obtenir le Don de les bien entendre. N'aïant pas bien prié, vous avez mérité les Ténebres où Dieu vous a laiſſé ſur la Correction de vos Défauts, & ſur l'Accompliſſement de vos Devoirs. Ainſi, la Négligence, la Tiédeur, & la Diſtraction volontaire, dans la Priére, qui paſſent pour l'ordinaire pour les plus légéres de toutes les fautes, ſont néanmoins la vraie Source de l'Ignorance, & de l'Aveuglement funeſte, où vivent la plûpart des Princes.

DIRECTION VI.

Avez-vous choiſi, pour vôtre Conſeil de Conſcience, les Hommes les plus fermes, & les plus éclairez, comme on cherche les meilleurs Généraux d'Armée pour commander pendant la Guerre, & les meilleurs Médecins quand on eſt malade ? Avez-vous compoſé ce Conſeil de Conſcience de pluſieurs perſonnes, afin que l'une puiſſe vous préſerver des Préventions de
l'autre

de l'autre ; parce que tout Homme , quelque droit & habile qu'il puisse être , est toûjours capable de prévention ? Avez-vous donné à ce Conseil une entiere Liberté de vous découvrir, sans Adouciffement , toute l'Etenduë de vos Obligations de Conscience ?

DIRECTION VII.

Avez-vous travaillé à vous instruire des Loix, Coûtumes , & Ufages , du Roïaume ? Le Roi est le prémier Juge de son Etat. C'est lui , qui fait les Loix. C'est lui , qui les interpréte dans le besoin. C'est lui , qui juge souvent dans son Conseil, fuivant les Loix qu'il a établies , ou trouvées déjà établies avant son Regne. C'est lui , qui doit redreffer tous les autres Juges. En un mot , fa fonction est d'être à la Tête de ses Armées pendant la Guerre. Et comme la Guerre ne doit jamais être faite qu'à regret , & le plus courtement qu'il est poffible , & en Vûe d'une conftante Paix ; il s'enfuit , que la Fonction de commander des Armées n'est qu'une Fonction paffagére , forcée & trifte pour les bons Rois : au lieu que celle de juger les Peuples , & de veiller fur tous les Juges , est leur Fonction naturelle , effencielle , ordinaire , & inféparable de la Roïauté. Bien juger , c'est juger felon les Loix. Pour juger felon les Loix , il les faut favoir. Les favez-vous ; & êtes-vous en Etat de redreffer les Juges qui les ignorent ? Connoiffez-vous affez les principes de la Jurifprudence, pour être facilement au Fait , quand on vous

raporte

raporte une Affaire ? Etes-vous en Etat de difcerner, entre vos Confeillers, ceux qui vous
flattent, d'avec ceux qui ne vous flattent pas ;
& ceux qui fuivent religieufement les Régles,
d'avec ceux qui voudroient les plier d'une Façon arbitraire felon leur Vûes ? Ne dites point,
que vous fuivez la Pluralité des Voix ? Car ou-
tre qu'il y a des Cas de Partage dans vôtre Con-
feil, où vôtre Avis doit décider, ne fuffiés-
vous-là que comme un Préfident de Compag-
nie, de plus, vous êtes-là le feul vrai Juge.
Vos Confeillers d'Etat, ou Miniftres, ne font
que de fimples Confulteurs. C'eft vous feul,
qui décidez effectivement. La Voix d'un feul
Homme-de-bien, éclairé, doit fouvent être pré-
férée à celle de dix Juges timides & foibles, ou
entêtez & corrompus. C'eft le Cas où l'on doit
plûtôt pefer que compter les Vois.

DIRECTION VIII.

AVEZ-VOUS étudié la vraïe Forme du Gouvernement de vôtre Roïaume? Il ne fuffit pas de favoir les Loix qui réglent la propriété des Terres,
& autres biens, entre les particuliers : c'eft, fans
doute, la moindre partie de la Juftice. Il s'agit de
celle, que vous devez garder entre votre Nation
& vous, entre vous & vos Voifins. Avez-vous
étudié férieufement ce qu'on nomme le *Droit des
Gens* : Droit, qu'il eft d'autant moins permis à un
Roi d'ignorer, que c'eft le Droit, qui régle fa
Conduite dans fes plus importantes Fonctions ; &
que ce Droit, fe réduit aux principes les plus évi-
dens

dens du Droit Naturel pour tout le Genre-Humain ? Avez-vous étudié les Loix fondamentales, & les Coûtumes conftantes, qui ont force de Loi pour le Gouvernement de votre Nation particuliere ? Avez-vous cherché à connoître, fans vous flatter, quelles font les Bornes de vôtre Autorité ? Savez-vous par quelles Formes le Roïaume s'eft gouverné fous les diverfes Races ? Ce que c'étoit que les anciens Parlemens, & les Etats-Géneraux qui leur ont fuccédé ? Quelle étoit la Subordination des Fiefs ? Comment les chofes ont paffé à l'Etat préfent? Sur quoi ce changement eft fondé? Ce que c'eft que l'Anarchie : ce que c'eft que la Puiffance arbitraire ; & ce que c'eft que la Roïauté réglée par les Loix, milieu entre ces deux Extrémitez ? Souffririés-vous, qu'un Juge jugeât, fans favoir l'Ordonnance; & qu'un Géneral d'Armée commandât, fans favoir l'Art Militaire ? Croïez-vous, que Dieu fouffre, que vous régniés, fi vous régnés fans être inftruit de ce qui doit borner & régler vôtre puiffance ? Il ne faut donc pas regarder l'Etude de l'Hiftoire, des Mœurs, & de tout le Détail de l'ancienne Forme de Gouvernement, comme une Curiofité indifférente, mais comme un Devoir effenciel de la Roïauté.

DIRECTION IX.

Il ne fuffit pas de favoir le paffé : il faut connoître le préfent. Saves vous le nombre d'Hommes, qui compofent votre Nation; combien de Femmes; combien de Laboureurs, combien d'Artifans, combien de Praticiens, combien de Commerçans,

combien

combien de Prêtres & de Religieux, combien de Nobles & de Militaires ? Que diroit-on d'un Berger, qui ne sauroit pas le Nombre de son Troupeau ? Il est aussi facile à un Roi de savoir le Nombre de son Peuple : il n'a qu-à le vouloir. Il doit savoir, s'il y a assés de Laboureurs, s'il y a à proportion trop d'autres Artisans, trop de Praticiens, trop de Militaires, à la Charge de l'Etat. Il doit connoître le Naturel des Habitans des différentes Provinces, leurs principaux Usages, leur Franchises, leur Commerce, & les Loix de leurs divers Trafics au dedans & au dehors du Roïaume. Il doit savoir quels sont les divers Tribunaux établis en chaque Province, les Droits des Charges, les Abus de ces Charges, &c. Autrement, il ne saura point la Valeur de la plûpart des choses qui passeront devant ses Yeux. Ses Ministres lui imposeront sans peine à toute Heure : il croira tout voir; & ne verra rien qu'a demi. Un Roi, ignorant sur toutes choses, n'est qu'a demi Roi. Son Ignorance le met hors d'Etat de redresser ce qui est de travers. Son Ignorance fait plus de Mal, que la Corruption des Hommes qui gouvernent sous lui.

DIRECTION X.

On dit d'ordinaire aux Rois, qu'ils ont moins à craindre les Vices des Particuliers, que les Défauts aux quels ils s'abandonnent dans les Fonctions Roïales. Pour moi, je dis hardiment le Contraire : & je soutiens, que toutes leurs Fautes dans la Vie privée sont d'une Conséquence infinie pour la Roïauté. Examinez donc vos Mœurs en Détail.

Les

Les Sujets sont de servilles Imitateurs de leurs Princes ; sur-tout dans les Choses qui flattent leurs passions. Leur avez-vous donné le mauvais Exemple d'un Amour deshonnête & criminel ? Si vous l'avez fait, vôtre Autorité a mis en Honneur l'Infamie. Vous avez rompu la Barriere de l'Honneur & de l'Honnêteté. Vous avez fait triompher le Vice & l'Impudence. Vous avez appris à tous vos Sujets à ne rougir plus de ce qui est honteux : Leçon funeste, qu'ils n'oublieront jamais ! *Il vaudroit mieux*, dit Jésus-Christ, *être ietté, avec une Meule de Moulin au Cou, au fond des Abimes de la Mer, que d'avoir scandalisé le moindre des Petits.* Quel est donc le Scandale d'un Roi, qui montre le Vice assis avec lui sur son Trône, non seulement à tous ses Sujets, mais encore à toutes les Cours, & à toutes les Nations du Monde connu ! Le Vice est par lui-même un Poison contagieux. Le Genre-Humain est toûjours prêt à reçevoir cette Contagion : il ne tend, par ses Inclinations, qu'à secouër le Joug de toute Pudeur. Une Etincelle cause un Incendie. Une Action d'un Roi fait souvent une Multiplication & un Enchênement de Crimes, qui s'étendent jusqu'à plusieurs Nations & à plusieurs Siécles. N'avez-vous point donné des ces mortels Exemples ? Peut-être croïez-vous, que vos Désordres ont été secrets. Non. Le Mal n'est jamais secret dans les Princes. Le Bien peut y être secret ; car on a grande Peine à le croire veritable en eux : mais, pour le Mal, on le devine, on le croit sur les moindres Soupçons. Le public pénetre tout : & souvent, pendent que le Prince se flatte que ses Foiblesses sont ignorées, il est le seul qui ignore combien elles sont l'Objet de la plus maligne Critique. En lui, tout Commerce équivoque est sujet à Explication : toute Apparence de Galanterie, tout Air passionné ou amusé, cause un Scandale, & porte coup pour altérer les Mœurs de toute une Nation.

DIRECTION XI.

N'avez-vous point autorisé une Liberté immodeste dans les Femmes ? Ne les admettez-vous dans vôtre Cour, que pour le vrai Besoin ? N'y sont-elles qu'auprès de la Reine, ou des Princesses de vôtre Maison ? Choisissez-vous, pour ces places, des Femmes d'un Age mûr, & d'une Vertu éprouvée ? Excluez-vous, de ces Places, les jeunes Femmes d'une beauté, qui seroit un Piége pour vous. & pour vos Courtisans ? Il vaut mieux que de telles Personnes demeurent dans une Vie retirée, au milieu de leur Famille, loin de la Cour. Avez-vous exclus de votre Cour toutes les Dames, qui n'y sont point nécessaires dans les places auprès des Princesses ? Avez-vous Soin de faire en sorte, que les Princesses elles-mêmes soient modestes, retirées, & d'une Conduite régulière en tout ? En diminuant le nombre des Femmes de la Cour, & en les choisissant le mieux que vous pouvez, avez-vous Soin d'écarter celles qui introduisent des Libertez dangereuses, & d'empécher que les Courtisans corrompus ne les voïent en particulier, hors des Heures où toute la Cour se rassemble ? Toutes ces Précautions

tions paroiſſent maintenant des Scrupules & des Sévéritez outrées. Mais, ſi on remonte aux Tems qui ont précedé FRANÇOIS I. on trouvera, qu'avant la Licence ſcandaleuſe introduite par ce Prince, les Femmes de la prémiere Condition, ſur-tout celles qui étoient jeunes & belles, n'alloient point à la Cour. Tout au plus, elles y paroiſſoient très rarement, pour aller rendre leurs Devoirs à à la Reine: en-ſuite, leur honneur étoit de demeurer à la Campagne dans leur Famille. Ce grand Nombre de Femmes, qui vont librement par-tout à la Cour, eſt un Abus monſtrueux, auquel on a accoutumé la Nation. N'avez-vous point autoriſé cette pernicieuſe Coûtume? N'avez-vous point attiré, ou conſervé, par quelque diſtinction, dans vôtre Cour, quelque Femme d'une Conduite actuellement ſuſpecte, ou du moins qui a autrefois mal édifié le Monde? Ce n'eſt point à la Cour, que ces perſonnes profanes doivent faire Pénitence. Qu'elles l'aillent faire dans des Retraites, ſi elles ſont libres; ou dans leurs Familles, ſi elles ſont attachées au Monde, par leurs Maris encore vivans. Mais, écartez de vôtre Cour tout ce qui n'a pas été régulier; puiſque vous avez à choiſir parmi toutes les Femmes de Qualité de vôtre Roïaume, pour remplir les Places.

DIRECTION XII.

AVEZ-VOUS Soin de réprimer le Luxe & d'arrêter l'Inconſtance ruïneuſe des Modes? C'eſt ce qui corrompt la plûpart des Femmes. Elles ſe jettent, à la Cour, dans des Dépenſes, qu'elles ne

peu-

peuvent soutenir sans Crime. Le Luxe augmente en elles la Passion de plaire : & leur Passion pour plaire se tourne principalement à tendre des piéges au Roi. Il faudroit qu'il fût insensible & invulnérable, pour résister à toutes ces Femmes pernicieuses, qu'il tient autour de lui : c'est une Occasion toujours prochaine, dans la quelle il se met. N'avez-vous point souffert, que les Personnes les plus vaines, & les plus prodigues, aïent inventé de nouvelles Modes, pour augmenter les Dépenses ? N'avez-vous pas vous-même contribué à un si grand Mal, par une Magnificence excessive ? Quoi que vous soïez Roi, vous devez éviter tout ce qui coûte beaucoup, & que d'autres voudroient avoir comme vous. Il est inutile d'alléguer, que nul de vos Sujets ne doit se permettre un Extérieur qui ne convient qu'à vous. Les Princes, qui vous touchent de près, voudront faire à peu près ce que vous ferez. Les Grands-Seigneurs se picqueront d'imiter les Princes. Les Gentils-Hommes voudront être comme les Seigneurs. Les Financiers surpasseront les Seigneurs mêmes. Et tous les Bourgeois voudront marcher sur les Traces des Financiers, qu'ils ont vû sortir de la Bouë. Personne ne se mesure, & ne se fait Justice. De proche en proche, le Luxe passe, comme par une Nuance imperceptible, de la plus haute Condition à la Lie du Peuple. Si vous avez de la Broderie, bien-tôt tout le Monde en portera. Le seul Moïen d'arrêter tout court le Luxe, c'est de donner vous même l'exemple, que Saint Louïs

don-

donnoit, d'une grande Simplicité. L'avez-vous donné en tout, cet Exemple si nécessaire ? Il ne suffit pas de le donner en Habits, il faut le donner en Meubles, en Equipages, en Tables, en Batimens, en Terres, en Jardins, en Parcs. &c. Sachez comment les Rois vos Prédécesseurs étoient logés & meublés ; sachez quels étoient leurs Repas, & leurs Voitures : & vous serez étonné des prodiges de Luxe où nous sommes tombez. Il y a aujourd'hui plus de Carosses à six Chevaux dans Paris qu'il n'y avoit de mules il y a cent Ans. Chacun n'avoit point sa Chambre : une seule chambre suffisoit, avec plusieurs Lits, pour plusieurs personnes. Maintenant chacun ne se peut plus passer d'Apartemens vastes, & d'Enfilades. Chacun veut avoir des Jardins où l'on renverse toute la Terre, des Jets-d'Eau, des Statuës, des Parcs sans bornes, des Maisons dont l'Entretien surpasse le revenu des terres où elles sont situées. D'où tout cela vient-il ? De l'Exemple que les uns prennent sur les autres. L'Exemple seul peut redresser les Mœurs de toute la Nation. Nous voïons même que la Folie de nos Modes est contagieuse chez tous nos Voisins. Toute l'Europe, si jalouse de la France, ne peut s'empêcher de se soumettre sérieusement à nos Loix, dans ce que nous avons de plus frivole, & de plus pernicieux. Encore une fois, telle est la Force de l'Exemple du Prince, qu'il peut lui seul, par sa Modération, ramener au Bon-Sens ses propres Peuples, & les Peuples voisins. Puis qu'il le peut, il le doit sans doute. L'avez-vous fait ?

DI-

DIRECTION XIII.

N'avez-vous point donné un mauvais exemple, ou pour des Paroles trop libres, ou pour des Railleries picquantes, ou pour des Maniéres indecentes de parler fur la Religion ? Les Courtifans font de fervilles Imitateurs, qui font gloire d'avoir tous les défauts du Prince. Avez-vous repris l'Irreligion jufques dans les moindres mots par lefquels on vouloit l'infinuër ? Avez-vous fait fentir vôtre fincére Indignation contre l'Impiété ? N'avez-vous rien laiffé de douteux là-deffus ? N'avez-vous jamais été retenu par une mauvaife Honte, qui vous ait fait rougir de l'Evangile ? Avez-vous montré par vos difcours, & par vos actions, vôtre Foi fincére & vôtre Zêle, pour le Chriftianifme ? Vous-etes-vous fervi de vôtre autorité, pour rendre l'Irreligion muëtte ? Avez-vous écarté, avec Horreur, les Plaifanteries mal-honnêtes, les difcours équivoques, & toutes les autres marques de Libertinage ?

DIRECTION XIV.

N'avez-vous rien pris à aucun de vos Sujets, par pure autorité, & contre les régles ? L'avez-vous dédommagé, comme un particulier l'auroit fait, quand vous avez pris fa Maifon, ou enfermé fon Champ dans vôtre Parc, ou fupprimé fa Charge, ou éteint fa Rente ? Avez-vous examiné à fond les vrais befoins de l'Etat, pour

les

les comparer avec l'inconvénient des taxes, avant que de charger vos Peuples ? Avez-vous confulté, fur une fi importante Queftion, les Hommes les plus éclairez, les plus zélez pour le Bien public, & les plus capables de vous dire la vérité, fans flatterie ni molleffe ? N'avez-vous point appellé *néceffité de l'Etat* ce qui ne fervoit qu'à flatter vôtre Ambition, comme une Guerre pour faire des Conquêtes, ou pour acquérir de la gloire ? N'avez-vous point appellé *befoins de l'Etat* vos propres Prétentions ? Si vous aviés des Prétentions perfonnelles pour quelque fucceffion dans les Etat voifins, vous deviés foutenir cette Guerre fur vôtre Domaine, fur vos Epargnes, fur vos Emprunts perfonnels : ou, du moins, ne prendre à cet égard que les Secours qui vous auroient été donnez par la pure affection de vos Peuples ; & non pas les accabler d'Impôts, pour foutenir des Prétentions qui n'intéreffent point vos Sujets : car, ils n'en feront point plus heureux, quand vous aurez une Province de plus. Quand CHARLES VIII. alla à Naples, pour recueillir la Succeffion de la Maifon d'Anjou, il entreprit cette Guerre à fes dépens : l'Etat ne fe crut point obligé aux Fraix de cette entreprife. Tout au plus, vous pourriés recevoir, en de telles occafions, les Dons des Peuples, faits par Affection, & par raport à la Liaifon qui eft entre les Intérêts d'une Nation zélée & d'un Roi qui la gouverne en Pere. Mais felon cette Vûe, vous feriés bien éloigné d'accabler les peuples d'Impôts pour vôtre Intérêt particulier.   D I-

DIRECTION XV.

N'avez-vous point toléré des Injuſtices, lors même que vous vous êtes abſtenu d'en faire ? Avez vous choſi, avec aſſez de Soin, toutes les Perſonnes, que vous avez miſes en Autorité, les Intendans, les Gouverneurs, les Miniſtres, &c. ? N'en avez-vous choſi aucun par Molleſſe pour ceux qui vous les propoſoient, ou par un ſecret Deſir qu'il pouſſaſſent au-de-là des vraiës Bornes vôtre autorité, ou vos Revenus ? Vous êtes-vous informé de leur Adminiſtration ? Avez-vous fait entendre, que vous étiés prêt à écoûter des Plaintes contre eux, & à en faire bonne Juſtice ? L'a-vez.vous faite, quand vous avez découvert leurs Fautes ? N'avez-vous point donné, ou laiſſé prendre, à vos Miniſtres, des Profits exceſſifs, que leurs Services n'avoient point méritez ? Les Récompenſes, que le Prince donne à ceux qui ſervent ſous lui, doivent toûjours avoir certaines Bornes. Il n'eſt point permis de leur donner des Fortunes, qui ſurpaſſent celles des Gens de la plus haute Condition, ni qui ſoient diſproportionées aux Forces préſentes de l'Etat. Un Miniſtre, quelque Service qu'il ait rendu, ne doit point parvenir tout-à-coup à des Biens immenſes, pendant que les Peuples ſouffrent, & que les Princes & les Seigneurs du prémier Rang ſont néceſſiteux. Il eſt encore moins permis de donner de telles Fortunes à des Favoris, qui, d'ordinaire, ont encore moins ſervi l'Etat, que les Miniſtres.

DI-

DIRECTION XVI.

Avez-vous donné à tous les Commis des Bureaux de vos Miniſtres, & aux autres Perſonnes, qui rempliſſent les Emplois ſubalternes, des Appointemens raiſonnables, pour poᵥoir ſubſiſter honnêtement ſans rien prendre des Expéditions ? En même tems avez-vous réprimé le Luxe & l'Ambition de ces Gens-là ? Si vous ne l'avᵥz pas fait, vous êtes reſponſable de toutes les exactions ſecretes qu'ils ont faites dans leurs Fonctions. D'un côté, ils n'entrent dans ces places, qu'en comptant qu'ils y viuront avec éclat, & qu'ils y feront de promptes fortunes. D'autre côté, ils n'ont d'ordinaire en appoiptemens, que le Tiers de l'argent qu'il leur faut pour la dépenſe honorable qu'ils font avec leurs Familles. Ils n'ont d'ordinaire aucun Bien par leur Naiſſance : que voules-vous qu'ils faſſent ? Vous les mettez dans une Eſpece de Néceſſité de prendre en ſecret tout ce qu'ils peuvent attraper ſur l'expédition des affaires. Cela eſt évident : & c'eſt fermer les Yeux de mauvaiſe-foi, que de ne le pas voir. Il faudroit que vous leur donnaſſiés davantage, & que vous les empêchaſſiés de ſe mettre ſur un trop haut Pied.

DIRECTION XVII.

Avez-vous cherché les Moïens de ſoulager les Peuples, & de ne prendre ſur eux que ce que les vrais Beſoins de l'Etat vous ont contraint de prendre pour leur propre avantage ? Le Bien des Peuples ne doit être emploïé qu'à la vraie Utilité des

C

Peuples

Peuples mêmes. Vous avez vôtre Domaine, qu'il faut retirer & liquider : il est destiné à la Subsistance de vôtre Maison. Vous devez modérer cette Dépense ; sur tout, quand vos Revenus de Domaine sont engagés, & que les Peuples sont épuisés. Les Subventions des Peuples doivent être emploïées pour les vraies Charges de l'Etat, Vous devez vous étudier à retrancher, dans les Tems de Pauvreté publique, toutes les Charges qui ne sont pas d'une absolue Nécessité. Avez-vous consulté les Personnes les plus habiles, & les mieux intentionnées, qui peuvent vous instruire de l'Etat des Provinces, de la Culture des Terres, de la Fertilité des Années derniéres, de l'Etat du Commerce, &c. pour savoir ce que l'Etat peut païer sans souffrir ? Avez-vous réglé là-dessus les impots de chaque Année ? Avez-vous écouté favorablement les remontrances des Gens-de-Bien ? Loin de les réprimer, les avez-vous cherchées & prêvenues, comme un bon Prince le doit faire ? Vous savez, qu'autrefois le Roi ne prenoit jamais rien sur ses Peuples par sa seule Autorité. C'étoit le Parlement, c'est-à-dire l'Assemblée de la Nation, qui lui accordoit les Fonds nécessaires pour les Besoins extraordinaires de l'Etat. Hors de ce Cas, il vivoit de son Domaine. Qu'est-ce qui a changé cet Ordre, si-non l'Autorité absoluë, que les Rois ont prise ? De nos Jours, on voïoir encore les Parlemens, qui sont des Compagnies infiniment inférieures aux anciens Parlemens ou Etats de la Nation, faire des Remontrances pour n'en-

registrer

regiftrer pas les Edits burfaux. Du moins devez-
vous n'en faire aucun, fans avoir bien confulté
des perfonnes incapbles de vous flatter, & qui
aïent un véritable Zêle pour le Bien public.
N'avez-vous point mis fur les Peuples de nouvelles Charges, pour foutenir vos Dépenfes fuper-
fluës; le Luxe de vos Tables, de vos Equipages, & de vos Meubles; l'Embeliffement de
vos Jardins, & de vos Maifons; les Graces ex-
ceffives que vous avez accordées à vos Favoris ?

DIRECTION XVIII.

N'avez-vous point multiplié les Charges &
les Offices, pour tirer de leur Création de nouvelles Sommes; De telles Créations ne font que
des Impôts déguifés. Elles fe tournent toutes à
l'Oppreffion des Peuples, & elles ont trois Inconvéniens, que les fimples Impôts n'ont pas.
I. Elles font perpétuelles, quand on n'en fait
pas le Rembourfement : & fi on en fait des Rem-
bourfements, ce qui eft ruïneux pour vos fujets,
on recommence bientôt ces Créations. II. Ceux,
qui achetent ces Offices créez, veulent retrou-
ver au plûtôt leur Argent avec Ufure : & vous
leur livrez le peuple, pour l'écorcher. Pour cent
mille Francs, qu'on vous donnera, par exemple, fur une création d'Offices, vous livrez les
Peuples pour cinq cens mille Francs de Véxations, qu'il fouffrira fans Remede. III. Vous
ruïnez, par ces Multiplications d'Offices, la
bonne Police de l'Etat : vous rendez la Juftice
de plus en plus vénale; vous rendez la Refor-

me de plus en plus impraticable : vous obérez toute la Nation ; car, ces Créations deviennent des Especes de Dettes de la Nation entiére : enfin, vous réduifez tous les Arts, & toutes les Fonctions, à des Monopoles qui gâtent & abataillffent tout. N'avez vous point à vous reprocher de telles Créations dont les Suites feront pernicieufes pendant plufieurs Siécles ? Le plus fage & le meilleur de tous les Rois, dans un Regne paifible de cinquante Ans, ne pourroit racommoder ce qu'un Roi peut avoir fait de Maux par ces fortes de Créattons en dix Ans de Guerre. N'avez-vous pas été trop facile pour des Courtifans, qui, fous Prétexte d'épargner vos Finances dans les récompenfes qu'ils vous ont demandées, vous ont propofé ce qu'on appelle des *Affaires* ; Ces Affaires font toûjours des Impots déguifés fur le Peuple, qui troublent la Police, qui énervent la Juftice, qui dêgradent les Arts, qui gênent le Commerce, qui chargent le public, pour contenter en peu de tems l'Avidité d'un Courtifan faftueux & prodigue. Renvoiez vos Courtifans paffer quelques Années dans leurs Terres, pour racommoder leurs Affaires. Apprenez-leur à vivre avec Frugalité. Montrez-leur que vous n'eftimez que ceux qui vivent avec Regle, & qui gouvernent bien leurs Affaires. Témoignez du Mépris pour ceux qui fe ruïnent follement. Par-là, vous leur ferez plus de Bien, fans qu'il en coute un Sou, ni à vous, ni à vos Peuples, que fi vous leur prodiguiés tout le Bien public.

DI-

DIRECTION XIX.

N'avez-vous jamais toléré, & voulu ignorer, que vos Miniſtres aïent pris le Bien des particuliers pour vôtre Uſage, ſans païer ſa juſte Valeur, ou du moins retardant le païement du prix, en-ſorte que ce Retardement a porté Dommage aux Vendeurs forcés ? C'eſt ainſi, que des Miniſtres prennent des Maiſons de Particuliers, pour les enfermer dans les Palais des Rois, ou dans leurs Fortifications. C'eſt ainſi, qu'on dépoſſede les propriétaires de leurs Seigneuries, ou Fiefs, ou Héritages, pour les mettre dans des Parcs. C'eſt ainſi, qu'on établit des Capitaineries de Chaſſe, où les Capitaines, accréditez auprès du Prince, ôtent la Chaſſe aux Seigneurs dans leurs propres Terres, juſqu'a la Porte de leurs Châteaux, & font mille Véxations au Païs. Le Prince n'en ſait rien, & peut-être n'en veut rien ſavoir. C'eſt à vous à ſavoir le Mal qu'on fait par vôtre Autorité. Informez-vous de la Vérité. Ne ſouffrez point, qu'on pouſſe trop loin vôtre Autorité. Ecoutez favorablement ceux qui vous en repréſentent les Bornes. Choiſiſſez des Miniſtres, qui ôſent vous dire en quoi on la pouſſe trop loin. Ecartez les Miniſtres durs, hautains, & entreprenans.

DIRECTION XX.

Dans les Conventions, que vous faites avec les Particuliers, êtes-vous juſte comme ſi vous étiez égal à celui avec qui vous traitez ? Eſt-il

libre

libre avec vous comme avec un de ses Voisins? N'aime-t-il pas mieux souvent perdre , pour se racheter , & pour se délivrer , que de soutenir son droit? Vos Fermiers, vos Traitans, vos Intendans, &c., ne tranchent-ils pas avec une Hauteur, que vous n'auriés pas vous-même ; & n'étouffent-ils pas la Voix du Foible, qui voudroit se plaindre ? Ne donnez-vous pas souvent à l'Homme , avec qui vous contractez, des Dédommagemens en Rentes, en Engagemens sur vôtre Domaine , en Charges de nouvelle Création , qu'un Coup de Plume de vôtre Successeur peut lui retrancher ; parce que les Rois sont toûjours Mineurs , & que leur Domaine est inaliénable; Ainsi on ôte aux particuliers leur Patrimoine assuré , pour leur donner ce qui leur sera ôté dans la suite, avec une Ruïne inévitable de leurs Familles.

DIRECTION XXI.

N'avez-vous point accordé aux Traitans, pour hausser leurs Fermes des Edits ou Déclarations, ou Arrêts avec des Termes ambigus, pour étendre vos Droits aux Dépens du Commerce , & même pour tendre des Piéges aux Marchands, & pour confisquer leurs Marchandises , ou du moins les fatiguer & les géner dans leur Commerce , afin qu'ils se rachettent par quelque Somme ? C'est faire Tort aux Marchands , & au public, dont on anneantit peuà-peu par-là tout le Négoce.

DI.

DIRECTION XXII.

N'AVEZ-VOUS point toléré des Enrôlemens, qui ne fuffent pas véritablement libres ; Il eft vrai, que les Peuples fe doivent à la Défenfe de l'Etat. Mais, les Princes ne doivent faire que des Guerres juftes, & abfolument néceffaires : il faudroit qu'on choisît en chaque Village les jeunes Hommes libres, dont l'Abfenne nuïroit en rien, ni au Labourage, ni au Commerce, ni aux autres Arts néceffaires, & qui n'ont point de Famille à nourir : il faudroit une Fidélité inviolable à leur donner leur Congé après un petit Nombre d'Années de Service : enforte que d'autres vinffent les relever, & fervir à leur Tour. Laiffer prendre des Hommes fans Choix, & malgré eux ; faire languir & fouvent périr, toute une Famille abandonnée par fon chef ; arracher le Laboureur de fa Charuë, le tenir dix ou quinze Ans dans le Service, où il périt fouvent de Mifére dans des Hopitaux dépourvûs des Secours néceffaires ; c'eft ce que rien ne peut excufer, ni devant Dieu ; ni devant les Hommes.

DIRECTION XXIII.

AVEZ-VOUS eu Soin de faire délivrer chaque Galérien d'abord après le Terme reglé par la Juftice pour fa punition. L'Etat de ces Hommes eft affreux : rien n'eft plus inhumain, que de le prolonger au de-là du Terme. Ne dites point, qu'on manqueroit d'Hommes pour la Chiourme, ſi on obſervoit cette Juſtice : la Juſtice eſt préférable à la Chiourme. Il ne faut compter pour vraie & réelle Puiſſance, que celle que vous avez ſans bleſſer la Juſtice, & ſans prendre ce qui n'eſt pas à vous.

DIRECTION XXIV.

DONNEZ-VOUS à vos Troupes la Païe néceſſaire pour vivre ſans piller ? Si vous ne le faites point, vous mettez vos Troupes dans une Néceſſité évidente de commettre les Pillages & les Violences, que vous faites ſemblant de leur défendre. Les punirez-vous, pour avoir fait ce que vous ſavez bien qu'ils ne peuvent pas s'empêcher de faire, & faute de quoi vôtre Service ſeroit néceſſairement d'abord abandonné ? D'un autre côté, ne les punirez-vous point, lors qu'ils commettront publiquement des Brigandages contre vos Défenſes ? Rendrez-vous les Loix mépriſables, & ſouffrirez-vous, qu'on ſe jouë ſi indignement de vôtre Autorité ? Serez-vous manifeſtement contraire à vous-même ; & vôtre Autorité ne ſera-t-elle qu'un Jeu trompeur, pour paroître réprimer les Déſordres, & pour vous en ſervir à toute Heure ? Quelle Diſcipline & quel Ordre y a-t-il à eſpérer dans des Troupes, où les Officiers ne peuvent vivre qu'en pillant les Sujets du Roi, qu'en violant à toute Heure ſes Ordonnances, qu'en prenant par Force, & par Tromperie, des Hommes pour les enrôler ; & où les Soldats mourroient de Faim, s'ils ne méritoient pas tous les Jours d'être pendus ?   DI-

DIRECTION XXV.

N'avez-vous point fait quelque Injustice aux Nations Etrangéres ? On pend un pauvre Malheureux, pour avoir volé une Pistole sur le grand Chemin, dans son Besoin extrême : & on traite de Héros un Homme, qui fait la Conquête, c'est-à-dire, qui subjugue injustement les Païs d'un Etat voisin. L'Usurpation d'un Pré, ou d'une Vigne, est regardée comme un Pêché irrémissible au Jugement de Dieu, à moins qu'on ne restitue : & on compte pour rien l'Usurpation des Villes & des Provinces. Prendre un Champ à un Particulier est un grand Pêché: prendre un grand Païs à une Nation est une Action innocente & glorieuse. Où sont donc les Idées de Justice ? Dieu jugera-t-il ainsi ? *Existimasti iniquè quòd ero tui similis* ? Doit-on moins être juste en grand, qu'en petit ? La Justice n'est-elle plus Justice, quand il s'agit des plus grands Intérêts ? Des millions d'hommes, qui composent une Nation, sont-ils moins nos Freres, qu'un seul Homme ? N'aura-t-on aucun Scrupule de faire à des millions d'Hommes l'Injustice sur un Païs entier, qu'on n'ôseroit faire pour un Pré à un Homme seul ? Tout ce qui est pris par pure Conquête est donc pris très injustement, & doit être restitué. Tout ce qui est pris dans une Guerre, entreprise sur un mauvais Fondement, est de même. Les Traités de Paix ne couvrent rien, lorsque vous êtes le plus fort, & que vous réduisez vos Voisins à signer le Traité,

pour

pour éviter de plus grands Maux. Alors, il signe comme un Particulier donne sa Bourse à un Voleur qui lui tient le Pistolet sur la Gorge.

La Guerre, que vous avez commencée mal-à-propos, & que vous avez soutenuë avec Succes, loin de vous mettre en sureté de Conscience, vous engage, non seulement à la restitution des Païs usurpez, mais encore à la réparation de tous les Dommages causez sans raison à vos Voisins.

Pour les Traités de Paix, il faut les compter nuls, non seulement dans les choses injustes que la violence à fait passer, mais encore dans celles où vous pouries avoir mêlé quelque artifice & quelque terme ambigu, pour vous en prévaloir dans les occasions favorables. Vôtre Ennemi est vôtre Frere : vous ne pouvez l'oublier sans oublier l'humanité. Il ne vous est jamais permis de lui faire du mal, quand vous pouvez l'éviter sans vous nuire : & vous ne pouvez jamais chercher aucun avantage contre lui que par les Armes, dans l'extrême nécessité. Dans les Traités, il ne s'agit plus d'Armes, ni de Guerre : il ne s'agit, que de Paix, de Justice, d'Humanité, & de Bonne-Foi. Il est encore plus infame, & plus criminel, de tromper dans un Traité de Paix avec un Peuple voisin, que de tromper dans un Contract avec un particulier. Mettre dans un Traité des termes ambigus & captieux, c'est préparer des semences de Guerre pour l'avenir : c'est mettre des Caques de poudre sous les maisons où l'on habite.   DI-

DIRECTION XXVI.

Quand il a été queſtion d'une Guerre, avez-vous d'abord examiné & fait éxaminer, vôtre Droit, par les Perſonnes les plus intelligentes, & les moins flatteuſes pour vous? Vous êtes-vous défié des Conſeils de certains Miniſtres, qui ont Intérêt de vous engager à la Guerre, ou qui du moins cherchent à flatter vos Paſſions, pour tirer de vous dequoi contenter les leurs? Avez-vous cherché toutes les Raiſons qui pouvoient être contre vous? Avez-vous écouté favorablement ceux qui les ont approfondies? Vous êtes-vous donné le Tems de ſavoir les Sentimens de tous vos plus ſages Conſeillers, ſans les prévenir?

N'avez-vous point regardé vôtre Gloire perſonnelle comme une raiſon d'entreprendre quelque-choſe, de peur de paſſer vôtre Vie ſans vous diſtinguer des autres Princes? Comme ſi les Princes pouvoient trouver quelque Gloire ſolide à troubler le Bonheur des Peuples, dont ils doivent être les Peres! Comme ſi un Pere de Famille pouvoit être eſtimable par les Actions qui rendent ſes Enfans malheureux! Comme ſi un Roi avoit quelque Gloire à eſpérer ailleurs que dans ſa Vertu, c'eſt-à-dire, dans ſa Juſtice, & dans le bon Gouvernement de ſon Peuple! N'avez-vous point cru, que la Guerre étoit néceſſaire, pour acquérir des Places qui étoient à vôtre Bienſéance, & qui feroient la Sureté de vôtre Frontiere? Etrange Regle! Par

D 2

les

les Convenances, on ira de proche en proche jusqu'a la Chine.

Pour la sureté d'une Frontiére, on la peut trouver, sans prendre le Bien d'autrui. Fortifiez vos propres Places, & n'usurpez point celles de vos Voisins. Voudriés-vous, qu'un Voisin vous prît tout ce qu'il croiroit commode pour sa Sureté? Vôtre Sureté n'est point un Titre de Propriété pour le Bien d'autrui. La vraie Sureté pour vous, c'est d'être juste : c'est de conserver de bons Alliés, par une Conduite droite & modéré : c'est d'avoir un Peuple nombreux, bien nourri, bien affectionné, & bien discipliné. Mais, qu'y a-t-il de plus contraire à vôtre Sureté, que de faire éprouver à vos Voisins, qu'ils n'en peuvent jamais trouver aucune avec vous & que vous êtes toujours prêt à prendre sur eux tout ce qui vous accommode ?

DIRECTION XXVII.

Avez-vous bien examiné si la Guerre, dont il s'agissoit, étoit nécessaire à vos Peuples ? Peut-être ne s'agissoit-il que de quelque prétention, qui vous regardoit personnellement, vos Peuples n'y aïant aucun Intérêt réel. Que leur importe, que vous aïés une Province de plus ? Ils peuvent, par affection pour vous, si vous les traitez en Pere, faire quelque effort, pour vous aider à recueillir les successions d'Etat, qui vous sont dûes légitimement. Mais, pouvez-vous les accabler d'Impôts malgré eux, pour trouver les fonds nécessaires à une Guerre qui ne leur eſt utile en rien ? Bien plus : ſuppoſé même que cette Guerre regarde préciſément l'État, vous avez dû regarder, ſi elle eſt plus utile, que dommageable. Il faut comparer les fruits qu'on en peut tirer, où du moins les Maux qu'on pourroit craindre ſi on ne la faiſoit pas, avec les inconvéniens qu'elle entrainera après elle.

Toute compenſation exactement faite, il n'y a preſque point de Guerre, même heureuſement terminée, qui ne faſſe beaucoup plus de mal, que de bien, à un Etat. On n'a qu'à conſidérer combien elle ruïne de Familles, combien elle fait périr d'Hommes, combien elle ravage & dépeuple de Païs, combien elle déregle un Etat, combien elle y renverſe les Loix, combien elle autoriſe la Licence, combien il faudroit d'années pour réparer ce que deux ans de Guerre cauſent de Maux contraires à la bonne Politique dans un Etat. Tout homme ſenſé, & qui agiroit ſans paſſion, entreprendroit-il le Procès le mieux fondé ſelon les Loix, s'il étoit aſſuré, que ce Procès, même en le gagnant, feroit plus de mal que de bien à la nombreuſe Famille dont il eſt chargé ?

Cette juſte compenſation des Biens & des Maux de la Guerre détermineroit toûjours un bon Roi à éviter la Guerre, à cauſe de ſes funeſtes Suites : car, où ſont les Biens qui puiſſent contrebalancer tant de Maux inévitables, ſans parler des périls des mauvais ſuccès ? Il ne peut y avoir qu'un ſeul cas, où la Guerre,

malgré

malgré tous ſes Maux, devient néceſſaire. C'eſt ce cas, où l'on ne pourroit l'éviter qu'en donnant trop de priſe & d'avantage à un Ennemi injuſte, artificieux, & trop puiſſant. Alors, en voulant par foibleſſe éviter la Guerre, on y tomberoit encore plus dangereuſement : on feroit une Paix, qui ne ſeroit pas une Paix, & qui n'en auroit que l'apparence trompeuſe. Alors, il faut malgré ſoi faire vigoureuſement la Guerre, par le deſir ſincére d'une bonne & conſtante Paix. Mais, ce cas unique eſt plus rare qu'on ne s'imagine : & ſouvent on le croit réel, qu'il eſt très chimérique.

Quand un Roi eſt juſte, ſincére, inviolablement fidéle à tous ſes Alliés, & puiſſant dans ſon Païs par un ſage Gouvernement, il a dequoi bien réprimer les Voiſins inquiets & injuſtes, qui veulent l'attaquer. Il a l'amour de ſes Peuples, & la confiance de ſes Voiſins. Tout le monde eſt intéreſſé à le ſoutenir. Si ſa cauſe eſt juſte, il n'a qu'à prendre toutes les voies les plus douces, avant que de commencer la Guerre. Il peut, étant déjà puiſſamment armé, offrir de croire certains Voiſins neutres & deſintéreſſés, prendre quelque-choſe ſur lui pour la Paix, éviter tout ce qui aigrit les eſprits, & tenter toutes les voies d'accommodement. Si tout cela eſt inutile, & ne ſert de rien, il en fera la Guerre avec plus de confiance en la protection de Dieu, avec plus de zêle de ſes Sujets, avec plus de Secours de ſes Alliés. Mais, il arrivera très rarement, qu'il ſoit réduit à faire

re la Guerre dans de telles circonſtances. Les
trois Quarts des Guerres ne s'engagent que par
hauteur, par fineſſe, par avidité, par précaution.

DIRECTION XXVIII.

Avez-vous été fidéle à tenir Parole à vos Ennemis, pour les Capitulations, pour les Cartels, &c.? Il y a les Loix de la Guerre, qu'il
ne faut pas moins religieuſement garder, que
celles de la Paix. Lors même qu'on eſt en Guerre, il reſte un certain Droit des Gens, qui eſt
le Fonds de l'Humanité même. C'eſt un Lien
ſacré & inviolable entre les Peuples, que nulle
Guerre ne peut rompre. Autrement, la Guerre
ne ſeroit plus qu'un Brigandage inhumain, qu'u-
ne Suite perpétuelle de Trahiſons, d'Aſaſſinats,
d'Abominations, & de Barbaries. Vous ne devez
faire à vos Ennemis, que ce que vous croïez
qu'ils ont Droit de vous faire. Il y a les Violences & les Ruſes de Guerre, qui ſont réci-
proques, & auxquelles chacun s'attend. Pour
tout le Reſte, il faut une Bonne Foi & une Humanité entiere. Il n'eſt point permis de rendre
Fraude pour Fraude. Il n'eſt point permis, par
exemple, de donner des Paroles en vûe d'en
manquer, parce qu'on vous en a données, auxquelles on a manqué enſuite.

D'ailleurs, pendant la Guerre entre deux
Nations, indépendantes l'une de l'autre, la
Couronne la plus noble, ou la plus puiſſante,
ne doit point ſe diſpenſer de ſubir avec Egalité
toutes les Loix communes de la Guerre. Un

Prince

Prince qui joue avec un Particulier, ne doit pas moins obſerver que lui toutes les Loix du Jeu. Dès qu'il joue avec lui, il dévient ſon Egal, pour le Jeu ſeulement. Le Prince le plus élevé, & le plus puiſſant, doit ſe picquer d'être le plus fidéle à ſuivre toutes les Regles pour les Contributions qui mettent ſes Peuples à couvert des Captures, des Maſſacres, des Incendies; pour les Cartels, pour les Capitulations, &c.

DIRECTION XXIX.

Il ne ſuffit pas de garder les Capitulations à l'égard des Ennemis : il faut encore les garder religieuſement à l'égard des Peuples conquis. Comme vous devez tenir parole à la Garniſon d'une Ville priſe, & n'y faire aucune Supercherie ſur des termes ambigus : tout de même, vous devez tenir parole au Peuple de cette Ville & de ſes Dépendances. Qu'importe à qui vous aïés promis des Conditions pour ce Peuple? Que ce ſoit à lui ou à la Garniſon, tout celà eſt égal. Ce qui eſt certain, c'eſt que vous avez promis des Conditions pour ce Peuple : c'eſt à vous à les garder inviolablement. Qui pourra ſe fier à vous, ſi vous y manquez? Qu'y aura-t-il de ſacré, ſi une Promeſſe ſi ſolemnelle ne l'eſt pas? C'eſt un Contract fait avec ces Peuples, pour les rendre vos Sujets : commencerez-vous par violer vôtre Titre fondamental? Ils ne vous doivent Obéïſſance, que ſuivant ce Contract; &, ſi vous le violez, vous ne méritez plus qu'ils l'obſervent

D I-

DIRECTION XXX.

Pendant la Guerre, n'avez-vous point fait de Maux inutiles à vos Ennemis ? Ces Ennemis font toûjours Hommes, & toûjours vos Freres. Si vous êtes vrai Homme, vous ne devez leur faire que les Maux que vous ne pouvez vous difpenfer de leur faire, pour vous garantir de ceux qu'ils vous préparent, & pour les réduire à une jufte Paix. N'avez-vous point inventé & introduit, à pure Perte, & par Paffion ou par Hauteur, de nouveaux Genres d'Hoftilitez ? N'avez-vous point âutorifé des Ravages, des Incendies, des Sacrileges, des Maffacres, qui n'ont décidé de rien ; fans lefquels vous pouviés défendre vôtre Caufe, & malgré lefquels vos Ennemis ont également continué leurs Efforts contre vous ? Vous devez rendre Compte à Dieu, & réparer felon l'Etenduë de vôtre Pouvoir, tous les Maux que vous avez autorifés, & qui ont été faits fans Néceffité.

DIRECTION XXXI.

Avez-vous éxécuté ponctuellement les Traités de Paix ? ne les avez-vous jamais violez fous de beaux Prétextes ? A l'égard des Articles des anciens Traitès de Paix qui font ambigus, au-lieu d'en tirer des Sujets de Guerre, il faut les interpréter par la Pratique qui les a fuivis immédiatement. Cette Pratique immédiate eft l'Interprétation infaillible des Parroles. Les Parties, immédiatement après le Traité, s'enten-

E

droient

doient elles-mêmes parfaitement : elles fa-
voient mieux alors ce quelles avoient ~voulu
dire, qu'on ne le peut favoir cinquante Ans
après. Ainfi, la Poffeffion eft décifive à cet
Egard-là ; & vouloir la troubler, c'eft vouloir
éluder ce qu'il y a de plus affuré, & de plus
inviolable, dans le Genre-Humain. Pour donner quelque Confiftance au Monde, & quelque
Sureté aux Nations, il faut fuppofer, par
préférence à tout le Refte, deux Points, qui
font comme les deux Poles de la Terre entiére:
l'un, que tout Traité de Paix, juré entre deux
Princes, eft inviolable à leur Egard, & doit
toûjours être pris fimplement dans fon Sens le
plus naturel, & interprété par l'Exécution immédiate : l'autre, que toute poffeffion paifible,
& non interrompuë, depuis les Tems que la
Jurifprudence demande pour les Préfcriptions
les moins favorables, doit acquérir un Propriété
certaine & légitime à celui qui a cette Poffeffion,
quelque Vice qu'elle ait pu avoir dans fon Ori-
gine. Sans ces deux Regles fondamentales,
point de Repos, ni de Sureté, dans tout le
Genre-Humain. Les avez-vous toujours fuivies ?

DIRECTION XXXII.

Avez-vous fait Juftice au Mérite de tous les
principaux Sujets, que vous pouviés mettre
dans les Emplois ? En ne faifant pas Juftice aux
Particuliers fur leurs Biens, comme fur leurs
Terres, fur leurs Rentes, &c., vous n'avez
fait Tort qu'à ces Particuliers, & à leur Familles.

les. Mais, en ne comptant pour rien, dans le choix des Hommes, ni la Vertu, ni les Talens, c'eſt à tout vôtre Etat, que vous avez fait une Injuſtice irréparable. Ceux, que vous n'avez point choiſis pour les Places, n'ont rien perdu d'effectif; parce que ces places n'auroient été pour eux, que des Occaſions dangereuſes pour leur Salut, & pour leur Repos temporel : mais, c'eſt tout vôtre Roïaume que vous avez privé injuſtement d'un Secours que Dieu lui avoit préparé. Les Hommes d'un Eſprit élevé, & d'un Cœur droit, ſont plus rares qu'on ne ſauroit le croire. Il faudroit les aller chercher juſques au Bout du Monde, *Procul, & de ultimis Finibus Pretium ejus*, comme le dit le Sage de la Femme forte. Pourquoi avez-vous privé l'Etat du Secours de ces Hommes ſupérieurs aux autres ? Vôtre Devoir n'étoit-il pas de choſir, pour les prémieres Places, les prémiers Hommes ? N'étoit-ce pas-la vôtre principale Fonction? Un Roi ne fait pas la Fonction de Roi, en réglant les Détails, que d'autres, qui gouvernent ſous lui, pouroient régler. Sa Fonction eſſencielle eſt de faire ce que nul autre que lui ne peut faire. C'eſt de bien choſir ceux qui exercent ſont Autorité ſous lui : c'eſt de mettre chacun dans la place qui lui convient; & de faire tout dans l'Etat, non par lui même, ce qui eſt impoſſible, mais en faiſant tout faire par des Hommes qu'il choiſit, qu'il anime, & qu'il redreſſe. Voilà la veritable Action de Roi. Avez-vous quitté tout le Reſte, que d'autres peuvent

 faire

faire fous vous, pour vous appliquer à ce Devoir effentiel, que vous feul pouvez remplir ?
Avez-vous eu Soin de jetter les Yeux fur un
certain Nombre de Gens fenfez, & bien inten-
tionnez, par qui vous puiffiés être averti de tous
les Sujets de chaque Profeffion, qui s'élevent,
& qui fe diftinguent ? Les avez-vous queftion-
nez tous feparément, pour voir fi leurs Témoi-
gnages fur chaque Sujet feroient uniformes ?
Avez-vous eu la Patience d'examiner, par ces
divers Canaux, les Sentimens, les Inclinations,
les Habitudes, la Conduite, de chaque Homme, que vous pouvez placer ? Avez-vous vû
ces Hommes vous-même ? Expédier des Détails
dans un Cabinet où l'on fe renferme fans ceffe,
c'eft dérober fon plus précieux Tems à l'Etat.
Il faut qu'un Roi voïe, parle, écoute beaucoup de Gens; qu'il apprenne par fon Expé-
rience à étudier les Hommes, qu'il les connoiffe
par un fréquent Commerce, & par un Accès
libre.

Il y a deux Maniéres de les connoître. L'une
eft la Converfation. Si vous étudiez bien les
Hommes, fans paroître néanmoins les étudier,
la Converfation vous fera beaucoup plus utile,
que beaucoup de Travaux qu'on croiroit plus
importans. Vous y remarquerez la Légéreté,
l'Indifcrétion, la Vanité, l'Artifice des Hommes; leurs Flatteries, leurs fauffes Maximes.
Les Princes ont un pouvoir infini fur ceux qui
les approchent : & ceux, qui les approchent,
ont une foibleffe infinie en les approchant. La
vûe

vûe des Princes réveille toutes les Passions, &
rouvre toutes les Plaies du Cœur. Si un Prince sait profiter de cet Ascendant, il sentira bien-
tôt les foiblesses de chaque homme. L'autre
maniére d'éprouver les hommes est de les mettre dans les Emplois subalternes, pour essaïer
s'ils seront propres aux Emplois supérieurs. Sui-
vez les hommes dans les Emplois que vous leur
confiez, ne les perdez jamais de vûe, sachez
ce qu'ils font, faites leur rendre Compte de ce
que vous leur avez donné à faire. Voilà de
quoi leur parler, quand vous les voïez : jamais
vous ne manquerez de Sujet de conversation.
Vous verrez leur Naturel, par les partis qu'ils
ont pris d'eux-mêmes. Quelquefois, il est à
propos de leur cacher vos Sentimens, pour découvrir les leurs. Demandez leur Conseil, &
n'en prenez que ce qu'il vous plaira.

TELLE est la vraie fonction de Roi. L'avez-
vous remplie ? N'avez-vous point négligé de connoître les hommes, par Paresse d'Esprit, par une
Humeur qui vous rend particulier, par une hauteur qui vous éloigne de la Société, par des Détails qui ne sont que des Vetilles en comparaison
de l'Etude des hommes, enfin par des amusemens
dans vôtre Cabinet sous prétexte de travail secret ?
N'avez-vous point craint & écarté les Sujets
forts & distingués des autres ? N'avez-vous pas
craint, qu'ils vous verroient de trop près, & péné-
treroient trop dans vos foiblesses, si vous les ap-
prochiés de vôtre Personne ? N'avez-vous pas
craint qu'ils ne vous flatteroient pas, qu'ils
contre-

contre-diroient vos Passions injustes , vos mauvais gouts , vos motifs bas & indécens ? N'avez-vous pas mieux aimé vous servir de certains hommes intéressés & artificieux , qui vous flattent, qui font semblant de ne voir jamais vos défauts, & qui applaudissent à toutes vos fantaisies ; ou bien de certains hommes médiocres & souples, que vous dominez aisément , que vous espérez éblouïr , qui n'ont jamais le courage de vous résister , & qui vous gouvernent d'autant plus, que vous ne vous défiez point de leur Autorité , & que vous ne craignez point qu'ils paroissent d'un génie supérieur au vôtre ? N'est-ce point par ces Motifs si corrompus , que vous avez rempli les principales places d'Hommes foibles ou dépravez ; & que vous avez laissé loin de vous tout ce qu'il y avoit de meilleur pour vous aider dans les grandes affaires ? Prendre les Terres , les Charges , & l'Argent, d'autrui , n'est point une Injustice comparable à celle que je viens d'expliquer.

DIRECTION XXXIII.

N'avez-vous point accoutumé vos Domestiques à une Dépense au-dessus de leur Condition , & à des récompenses qui chargent l'Etat ? Vos Valets-de-Chambre , vos Valets-de-Garde-Robe , &c. ne vivent-ils pas comme des Seigneurs , pendant que les vrais Seigneurs languissent dans vôtre Anti-Chambre sans aucun Bien-fait ; & que beaucoup d'autres des plus illustres Maisons sont dans le fond des Provin-

ces

ces, réduits à cacher leur misére ? N'avez-vous
point autorisé, sous prétexte d'orner vôtre Cour,
le Luxe d'Habits, de Meubles, d'Equipages,
& de Maisons, de tous ces Officiers subalternes, qui n'ont, ni Naissance, ni Mérite solide, & qui se croïent au-dessus des Gens-de-
Qualité, parce qu'ils vous parlent familiére-
ment, & qu'ils obtiennent facilement des Graces ? Ne craignez-vous pas trop leur Impor-
tunité ? N'avez-vous point craint de les fa-
cher, plus que de manquer à la Justice? N'avez-
vous pas été trop sensible aux vaines marques
de Zêle & d'Attachement tendre pour vôtre personne, qu'ils s'empressent de vous témoigner,
pour vous plaire, & pour avancer leur Fortune ? Ne les avez-vous pas rendus malheureux,
en leur laissant concevoir des Espérances dis-
proportionnées à leur Etat, & à vôtre affection pour eux ? N'avez-vous pas ruïné leurs
Familles, en les laissant mourir sans récompen-
se solide qui reste à leurs Enfans, après que
vous les avez laissé vivre dans un Faste ridicu-
le, qui a consumé les grands Bienfaits qu'ils
ont reçus de vous pendant leur Vie ? N'en a-t-
il pas été de même des autres Courtisans, chacun selon son Dégré ? Ils sucent, pendant qu'ils
vivent, le Roïaume entier : en quelque tems
qu'ils meurent, ils laissent leurs Familles ruï-
nées. Vous leur donnez trop, & vous leur
faites encore plus dépenser. Ainsi, ceux, qui
ruïnent l'Etat, se ruïnent eux-mêmes. C'est
vous, qui en étes cause, en assemblant autour

de

de vous tant d'Hommes inutiles, fasteux, dissi-
pateurs, & qui se font de leurs plus folles dis-
sipations un titre auprès de vous, pour vous
demander de nouveaux Biens, qu'ils puissent
encore dissiper.

DIRECTION XXXIV.

N'avez-vous point pris des préventions contre quelqu'un, sans avoir jamais éxaminé les
Faits ? C'est ouvrir la Porte à la Calomnie &
aux faux Rapports, ou du moins prendre té-
mérairement les Préventions des Gens qui vous
approchent, & en qui vous vous confiez. Il n'est
point permis de n'écoûter & de ne croire qu'un
certain Nombre de Gens. Ils font, certainement, Hommes : &, quand même ils seroient
incorruptibles, du moins ils ne font pas infalli-
bles. Quelque Confiance que vous aïés en
leus Lumieres & en leur Vertu, vous êtes obligé d'examiner s'ils ne font point trompez par
d'autres, & s'ils ne s'entêtent point. Toutes
les fois que vous vous livrerez à un certain
Nombre de Persones, qui font liées ensemble
par les mêmes Intérêts, ou par les mêmes Sentimens, vous vous expofez volontairement à
être trompé, & à faire des Injustices. N'avez-
vous point quelquefois fermé les Yeux à certaines Raisons fortes, ou du moins n'avez-vous
pas pris certains Partis rigoureux, dans le Doute, pour contenter ceux qui vous environnent,
& que vous craignez de fâcher ? N'avez-vous
pas pris le Parti, sur des Rapports incertains,

d'écarter

d'écarter des Emplois des Gens qui ont des Talens, & un Mérite diftingué ? On dit en foi même : *Il n'eft pas poffible d'éclaircir ces Accufations ; le plus fûr eft d'éloigner des Emplois cet Homme.* Mais, cette prétenduë Précaution eft le plus dangereux de tous les Piéges. Par-là, on n'approfondit rien, & on donne aux Rapporteurs tout ce qu'ils prétendent. On juge le Fond fans éxaminer ; car, on exclut le Mérite, & on fe laiffe effaroucher contre toutes les Perfonnes que les Rapporteurs veulent rendre fufpeétes. Qui dit un Rapporteur dit un Homme, qui s'offre pour faire ce Métier, qui s'infinue par cet horrible Métier, & qui par conféquent eft manifeftement indigne de toute Créance. Le croire, c'eft vouloir s'expofer à égorger l'Innocent. Un Prince, qui prête l'Oreille aux Rapporteurs de Profeffion, ne mérite de connoître, ni la Vérité, ni la Vertu. Il faut chaffer, & confondre, ces Peftes de Cour. Mais, comme il faut être averti, le Prince doit avoir d'Honnêtes-Gens, qu'il oblige, malgré eux, a veiller à obferver, à favoir ce qui fe paffe, & à l'en avertir fécrétement. Il doit chôifir, pour cette Fonétions, les Gens à qui elle répugne d'avantage, & qui ont le plus d'Horreur pour le Métier infame de rapporter. Ceux-ci ne l'avertiront que des Faits véritables & importans : ils ne lui diront point toutes les Bagatelles qu'il doit ignorer, & fur lefquelles il doit être commode au Public. Du moins, ils ne lui donneront les Chofes douteufes, que comme douteu-

<table><tr><td>F</td><td>fes :</td></tr></table>

ſes : & ce ſera à lui à les approfondir, ou à ſuſ-
pendre ſon Jugement ſi elles ne peuvent être
éclaircies.

DIRECTION XXXV.

N'AVEZ-VOUS point trop répandu de Bienfaits
ſur vos Miniſtres, ſur vos Favoris, & ſur leurs
Créatures, pendant que vous avez laiſſé languir
dans le Beſoin des Perſonnes de Mérite, qui
ont long-tems ſervi, & qui manquent de Protection ? D'ordinaire, le grand Défaut des Princes eſt d'être foibles, mous, & inappliqués. Ils
ne ſont preſque jamais déterminez par le Mérite, ni par les vrais Défauts des Gens. Le
Fond des Choſes n'eſt pas ce qui les touche :
leur Déciſion, d'ordinaire, vient de ce qu'ils
n'oſent refuſer ceux qu'ils ont l'Habitude de voir,
& de croire. Souvent, ils les ſouffrent avec Im-
patience, & ne laiſſent pourtant pas de démeu-
rer ſubjugués. Ils voïent les Défauts de ces Gens-
là, & ſe contentent de les voir. Ils ſe ſavent bon
Gré de n'en être pas les Dupes ; après quoi,
ils les ſuivent aveuglement. Ils leur ſacrifient
le Mérite, l'innocence, les Talens diſtingués,
& les plus longs Services. Quelquefois, ils écou-
teront favorablement un Homme, qui oſera leur
parler contre ces Miniſtres, ou ces Favoris, &
ils verront des Faits clairement vérifiés. Alors,
ils gronderont, & feront entendre à ceux qui
auront ôſé parler, qu'ils feront ſoutenus contre
le Miniſtre, ou contre le Favori. Mais, bientôt
le Prince ſe laſſe de protéger celui qui ne tient
qu'à

qu'à lui feul. Cette Protection lui coûte trop dans le Détail : & , de peur de voir un Vifage mécontent dans la Perfonne du Miniftre , l'Honnête-Homme , par qui l'on avoit fu la Vérité , fera abandonné à fon Indignation. Après celà , méritez-vous d'être averti ? Pouvez-vous efperer de l'être ? Quel eft l'Homme fage , qui ôfera aller droit à vous , fans paffer par le Miniftre , dont la Jaloufie eft implacable ? Ne méritez-vous pas de ne plus voir que par fes Yeux ? N'êtes-vous pas livré à fes Paffions les plus injuftes , & à fes Préventions les plus déraifonnables ? Vous laiffez-vous quelque Remede contre un fi grand Mal ?

DIRECTION XXXVI.

Ne vous laiffez-vous point éblouïr par certains Hommes , vains , hardis , & qui ont l'Art de fe faire valoir ; pendant que Vous négligez , & laiffez loin de vous , le Mérite fimple , modefte , timide , & caché ? Un Prince montre la Groffiéreté de fon Goût , lorfqu'il ne fait pas difcerner combien ces Efprits fi hardis , & qui ont l'Art d'impofer , font fuperficiels , & pleins de Défauts méprifables. Un Prince fage & pénétrant n'éftime , ni les Efprits évaporez , ni les grands Parleurs , ni ceux qui décident d'un Ton de Confiance , ni les Critiques dédaigneux , ni les Moqueurs qui tournent tout en Plaifanterie. Il méprife ceux qui trouvent tout facile , qui applaudiffent à tout ce qu'il veut , qui ne confultent que fes Yeux , ou le Ton de fa Voix ,

F 2

pour

pour déviner fa Penfée , & pour l'approuver.
Il récule , loin des Emplois de Confiance , ces
Hommes , qui n'ont que des Déhors fans Fond.
Au contraire , il cherche , il previent , il attire
à foi , les Perfonnes judicieufes & folides , qui
n'ont aucun Empréffement , qui fe défient d'elles-
mêmes , qui craignent les Emplois , qui pro-
mettent peu & qui tâchent de faire beaucoup ,
qui ne parlent guére & qui penfent toûjours ,
qui parlent d'un Ton douteux , & qui favent
contredire avec Refpeĉt.

De tels Sujets démeurent fouvent obfcurs dans
les Places inférieures , pendant que les premié-
res font occupées par des Hommes groffiers &
hardis , qui ont impofé au Prince , & qui ne fer-
vent qu'à montrer combien il manque de Dif-
cernement. Tandis que vous négligerez de chercher le Mérite caché , & de réprimer les Gens
empreffez & dépourvus de Qualitez folides ,
vous ferez refponfable devant Dieu de toutes les
Fautes qui feront faites par ceux qui agiront
fous vous. Le Métier d'adroit Courtifan perd
tout dans un Etat. Les Efprits les plus courts ,
& les plus corrompus , font fouvent ceux qui
apprennent le mieux cet indigne Métier. Ce
Métier gâte tous les autres : le Médécin néglige
la Médécine : le Prélat oublie les Dévoirs de fon
Miniftere ; le Géneral d'Armée fonge bien plus
à faire fa Cour , qu'à défendre l'Etat : l'Ambaf-
fadeur négocie bien plus pour fes propres Intérêts à la Cour de fon Maître , qu'il ne négocie
pour les Intérêts de fon Maître à la Cour où

il

il eſt envoïé. L'Art de faire ſa Cour gâte les Hommes de toutes les Profeſſions , & étouffe le vrai Mérite.

Rabaissez donc ces Hommes , dont tout le Talent ne cofiſte qu'à plaire , qu'à flatter , qu'à éblouïr , qu'à s'infinuer pour faire Fortune. Si vous y manquez , vous remplirez indignement vos Places , & le vrai Mérite demeurera toûjours en arriére. Vôtre Dévoir eſt de reculer ceux qui avancent trop , & d'avancer ceux qui démeurent reculez en faiſant leur Devoir.

DIRECTION XXXVII,
ET DERNIERE.

N'avez-vous point entaſſé trop d'Emplois ſur la Tète d'un ſeul Homme , ſoit pour contenter ſon Ambition , ſoit pour vous épargner la peine d'avoir beaucoup de Gens à qui vous ſoïés obligé de parler ; Dès qu'un Homme eſt l'Homme à-la-Mode , on lui donne tout , on voudroit qu'il fît lui ſeul toutes Choſes. Ce n'eſt pas qu'on l'aime ; car, on n'aime rien : ce n'eſt pas qu'on s'y fie ; car, on ſe défie de la Probité de tout le Monde : ce n'eſt pas qu'on le trouve parfait ; car, on eſt ravi de le critiquer ſouvent : mais, c'eſt qu'on eſt pareſſeux & ſauvage. On ne veut point avoir à compter avec tant de Gens. Pour en voir moins , & pour n'être point obſervé de près par tant de Perſonnes , on fera faire à un ſeul Homme ce que quatre auroient grand Peine à bien faire. Le Public en ſouffre , les Expéditions languiſſent , les Surpriſes & les
In-

Injuſtices ſont plus féquentes & plus irrémédiables. L'Homme eſt accablé, & ſeroit bien
fâché de ne l'être pas. Il n'a le Tems, ni de
penſer, ni d'approfondir, ni de faire des Plans,
ni d'étudier les Hommes dont il ſe ſert : il eſt
toûjours entraîné au Jour la Journée, par
un Torrent de Détails à expédier.

D'AILLEURS, cette Multitude d'Emplois ſur
une ſeule Tête, ſouvent aſſez foible, exclut
tous les meilleurs Sujets, qui pourroient ſe former, & faire des grandes choſes. Tout Talent
demeure étouffé. La Pareſſe du Prince en eſt
la vraie Cauſe. Les plus petites Raiſons décident
ſur les grandes Affaires. Delà naiſſent des Injuſtices innombrables. *Pauca de te* diſoit Saint
Auguſtin au Comte Boniface, *ſed multa propter
te*. Peut-être ferez-vous peu de Mal par vous-
même ; mais ils s'en fera d'infinis par vôtre
Autorité miſe en mauvaiſes Mains.

F I N.

SUP-

SUPPLÉMENT,
OU
ADDITION

AUX DIRECTIONS PRÉCÉDENTES

XXV --- XXX,

Concernant en particulier,

Non seulement le Droit légitime, mais même la Nécessité indispensable de former des Alliances, tant offensives que défensives, contre une Puissance supérieure, justement redoutable aux autres, & tendant manifestement à la Monarchie Universelle.

LES ETATS Voisins les uns des autres ne font pas seulement obligé à se traiter mutuellement selon les Regles de la Justice, & de la bonne-Foi ; mais, ils doivent encore, pour leur Sûreté particuliére, autant que pour l'Intérêt commun, faire une Espece de Société, & de République génerale.

Il faut compter, qu'à la longue, la plus grande Puissance prévaut toûjours, & renverse les autres, si les autres ne se réünissent point pour

faire

faire le Contrepoids. Il n'eſt pas permis d'eſpérer parmi les Hommes, qu'une Puiſſance ſupérieure demeure dans les Bornes d'une exacte Modération; & qu'elle ne veuille dans ſa Force, que ce qu'elle pourroit obtenir dans ſa plus grande Foibleſſe. Quand même un Prince feroit aſſez parfait, pour faire un Uſage ſi Merveilleux de ſa Proſpérité, cette Merveille finiroit avec ſon Regne. L'Ambition naturelle des Souverains, les Flatteries de leur Conſeillers, & la Prévention des Nations entiéres, ne permettent pas de croire, qu'une Nations, qui peut ſubjuger les autres, s'en abſtienne pendant des Siécles entiers. Un Regne, où éclateroit une Juſtice ſi extraordinaire, feroit l'Ornement de l'Hiſtoire, & un Prodige qu'on ne peut plus revoir.

Il faut donc compter ſur ce qui eſt réel & journalier; qui eſt, que chaque Nation cherche à prévaloir ſur toutes les autres qui l'environnent. Chaque Nation eſt donc obligée à veiller ſans ceſſe, pour prévenir l'exceſſif Agrandiſſement de chaque Voiſin, pour ſa ſûreté propre. Empêcher le Voiſin d'être trop puiſſant, ce n'eſt point faire un Mal : c'eſt ſe garantir de la Servitude, & en garantir ſes autres Voiſins. En un mot, c'eſt travailler à la Liberté, à la Tranquilité, au Salut public. Car, l'Aggrandiſſement d'une Nation au-de-là d'une certaine Borne, change le Syſtéme général de toutes les Nations qui ont Rapport à celle-là. Par exemple, toutes les Succeſſions, qui ſont entrées dans la Maiſon de Bourgogne, puis celles qui ont

élevé

élevé la Maison d'Autriche, ont changé la Face de toute l'Europe. Toute l'Europe a dû craindre la *Monarchie Univerſelle* ſous CHARLES-QUINT, ſur-tout après que FRANÇOIS I. eut été défait & pris à Pavie. Il eſt certain, qu'une Nation, qui n'avoit rien à démêler directement avec l'Eſpagne, ne laiſſoit pas alors d'être en Droit, pour la Liberté publique, de prévenir cette Puiſſance rapide, qui ſembloit prête à tout engloutir.

LES Particuliers ne ſont pas en Droit de s'oppoſer de même à l'Accroiſſement des Richeſſes de leurs Voiſins, parce qu'on doit ſuppoſer, que cet Accroiſſement d'autrui ne peut être leur ruïne. Il y a des Loix écrites, & des Magiſtrats, pour réprimer les Injuſtices & les Violences entre les Familles inégales en Biens. Mais, pour les Etats, ils ne ſont pas de même. Le trop grand Accroiſſement d'un ſeul peut être la Ruïne & la Servitude de tous les autres qui ſont ſes Voiſins : il n'y a, ni Loix écrites, ni Juges établis, pour ſervir de Bariére contre les Invaſions du plus puiſſant. On eſt toujours en Droit de ſuppoſer, que le plus puiſſant, à la longue, ſe prévaudra de ſa Force, quand il n'y aura plus d'autre Force à-peu-près égale, qui puiſſe l'arrêter. Ainſi, chaque Prince eſt en Droit, & en Obligation, de prévenir dans ſon Voiſin cet Accroiſſement de Puiſſance, qui jetteroit ſon Peuple & tous les autres Peuples voiſins, dans un Danger prochain de Servitude ſans Reſſource.

PAR éxemple, PHILIPPE II, Roi d'Eſpagne,

après avoir conquis le Portugal, veut se rendre Maître de l'Angleterre. Je sai bien, que son Droit etoit mal fondé ; car il n'en avoit, que par la Reine Marie la Femme, morte sans Enfans. Elisabet, illegitime, ne devoit point regner. La Couronne appartenoit à Marie Stuart, & à son Fils. Mais, enfin, supposé que le Droit de Philippe II. eut eté incontestable, l'Europe entiére auroit eu Raison néanmoins de s'opposer à son etablissement en Angleterre : car, ce Roiaume si puissant, ajoûté à ses Etats d'Espagne, d'Italie, de Flandres, des Indes Orientales & Occidentales, le mettoit en État de faire la Loi, sur-tout par ses Forces maritimes, à toutes les autres Puissances de la Chrétienté. Alors, *summum Jus, summa Injuria*. Un Droit particulier de Succession, ou de Donation, devoit ceder à la Loi Naturelle de la Sureté de tant de Nations. En un mot, tout ce qui renverse l'Equilibre, & qui donne le Coup decisif pour la Monarchie universelle, ne peut etre juste, quand même il seroit fondé sur des Loix écrites, dans un Pais particulier. La Raison en est, que ces Loix écrites chés un Peuple, ne peuvent prévaloir sur la Loi Naturelle de la Liberté & de la Sureté commune, gravée dans le Cœur de tous les autres Peuples du Monde. Quand une Puissance monte à un point, que toutes les autres Puissances voisines ensemble ne peuvent plus lui résister, toutes ces autres sont en Droit de se liguer, pour prévenir cet Accroissement, après lequel

il ne feroit plus Tems de défendre la Liberté
commune. Mais, pour faire légitimement ces
fortes de Ligues, qui tendent à prévenir un
trop grand Accroiffement d'un Etat, il faut
que le Cas foit véritable & preffant : il faut fe
contenter d'une Ligue défenfive ; ou du
moins, ne la faire offenfive, qu'autant que la
jufte & néceffaire Defenfe fe trouvera renfer-
mée dans les Deffeins d'une Aggreffion. Encore même faut-il toûjours, dans les Traités de
Ligues offenfives, pofer des Bornes précifes,
pour ne détruire jamais une Puiffance, fous
prétexte de la modérer.

Cette Attention à maintenir une Efpece
d'Egalité, & d'Equilibre, entre les Nations
voifines, eft ce qui en affure le Repos commun. A cet Egard, toutes les Nations voifines, & liées par le Commerce, font un grand
Corps, & une Efpece de Communauté. Par
éxemple, la Chrétienté fait une Efpece de République générale, qui a fes Intérêts, fes Crain-
tes, fes Précautions, à obferver. Tous les
Membres, qui compofent ce grand Corps, fe
doivent les uns aux autres pour le Bien commun, & fe doivent encore à eux-mêmes pour
la Sureté de la Patrie, de prévenir tout Progrès de quelqu'un des Membres qui renverfe-
roit l'Equilibre, & qui fe tourneroit à la Ruïne
inévitable de tous les autres Membres du même
Corps. Tout ce qui change ou altere ce Syftême général de l'Europe eft trop dangereux,
& traine après foi des Maux infinis.

G 2

Tou-

Toutes les Nations voisines font tellement liées par leurs Intérêts les unes aux autres, & au Gros de l'Europe, que les moindres Progrès particuliers peuvent altérer ce Syſtême général, qui faít l'Equilibre, & qui peut feul faire la Sureté publique. Otez une Pierre d'une Voute, tout l'Edifice tombe, parce que toutes les Pierres fe foutiennent en s'entrepouſſant.

L'Humanité met donc un Devoir mutuel de Défenfe du Salut commun, entre les Nations voiſines, contre un Etat voiſin qui devient trop puiſſant ; comme il y a des Devoirs mutuels entre les Concitoïens pour la Liberté de la Patrie. Si le Citoïen doit beaucoup à fa Patrie dont il eſt Membre, chaque Nation doit à plus forte Raiſon bien davantage au Repos & au Salut de la République univerſelle dont elle eſt Membre, & dans laquelle font renfermées toutes les Patries des Particuliers.

Les Ligues défenſives font donc juſtes & néceſſaires, quand il s'agit véritablement de prévenir une trop grande Puiſſance, qui feroit en Etat de tout envahir. Cette Puiſſance fupérieure n'eſt donc pas en Droit de rompre la Paix avec les autres Etats inférieurs, précifement à caufe de leur Ligue défenſive ; car, ils font en Droit, & en Obligation, de la faire.

Pour une Ligue offenſive, elle dépend des Circonſtances. Il faut qu'elle foit fondée fur des Infractions de Paix, ou fur la Détention de quelque Païs des Alliés, ou fur la Certitude de quelque autre Fondement femblable. Encore

core même faut-il toûjours , comme je l'ai déjà dit (*) , borner de tels Traités à des Conditions qui empêchent ce qu'on voit ; c'eſt qu'une Nation ſe ſert de la Néceſſité d'en rabattre une autre qui aſpire à la Tirannie univerſelle , pour y aſpirer elle-même à ſon Tour. L'Habileté , auſſi-bien que la Juſtice & la Bonne-Foi , en faiſant des Traités d'Alliance , eſt de les faire très-précis , très-éloignés de toutes Equivoques , éxactement bornées à un certain Bien que vous en voulez tirer prochainement. Si vous n'y prenez garde , les Engagemens que vous prenez , ſe tourneront contre vous , en abbattant trop vos Ennemis , & en élevant trop vôtre Allié. Il vous faudra , ou ſouffrir ce qui vous détruit , ou manquer à vôtre Parole ; Choſes preſquc également funeſtes.

Continuons à raiſonner ſur ces Principes , en prenant l'Exemple particulier de la Chrétienté , qui eſt plus ſenſible pous nous.

Il n'y a que quatre Sortes de Syſtêmes. Le prémier eſt d'être abſolument ſupérieur à toutes les autres Puiſſances , mêmes rêünies : c'eſt l'Etat des Romains , & celui de Charlemagne. Le ſecond eſt d'être dans la Chrétienté la Puiſſance ſupérieure aux autres , qui font néanmoins à peu près le Contre-poids , en ſe réüniſſant. Le troiſiéme eſt d'être une Puiſſance inférieure à une autre , mais qui ſe ſoutient , par ſon Union avec tous les Voiſins , contre cette Puiſſance prédominante. Enfin , le quatrieme

eſt

______

(*) *Voiez ci-deſſus pages 50. & 51.*

eft d'une Puiffance à peu pres égale à une autre, qui tient tout en Paix par cette Efpéce
d'Equilibre, qu'elle garde, fans Ambition, &
de Bonne-Foi.

L'Etat des Romains & de Charlemagne
n'eft point un Etat qu'il vous foit permis de dé-
firer. I Parce que, pour y arriver, il faut commettre toutes Sortes d'Injuftices & de Violences : il faut prendre ce qui n'eft point à vous,
& le prendre par des Guerres abominables dans
leur Etenduë. II. Ce Deffein eft très dangereux : fouvent les Etats périffent par ces folles
Ambitions. III. Ces Empires immenfes, qui ont
fait tant de Maux en fe formant, en font bien-
tôt après d'autres encore plus effroïables, en
tombant par terre. La prémiére Minorité, ou
le prémier Regne foible, ébranle les trop grandes Maffes, & fépare des Peuples, qui ne font
encore accoûtumez, ni au Joug, ni à l'Union
mutuelle. Alors, quelles Divifions quelles
Confufions, quelles Anarchies, irrémédiables !
On n'a qu'à fe fouvenir des Maux qu'ont faits
en Occident la Chûte fi promte de l'Empire de
Charlemagne ; & en Orient le Renverfement
de celui d'Alexandre, dont les Capitaines fi-
rent encore plus de maux pour partager fes Dé-
pouilles, qu'il n'en avoit fait lui-même en ra-
vageant l'Afie. Voilà donc le Syftême le plus
éblouïffant, le plus flatteur, & le plus funefte,
pour ceux mêmes qui viennent à bout de l'exécuter.

Le fecond Syftême eft d'une Puiffance fupérieure

rieure à toutes les autres, qui font contre elle
à peu près l'Equilibre. Cette Puiſſance ſupérieure a l'Avantage contre les autres d'être toute réunie, toute ſimple, toute abſoluë dans ſes
Ordres, toute certaine dans ſes Meſures. Mais,
à la longue, ſi elle ne ceſſe de réünir contre
elle les autres en excitant la Jalouſie, il faut
qu'elle ſuccombe. Elle s'épuiſe, elle eſt expo-
ſée à beaucoup d'Accidens internes & imprévus,
ou les Attaques du Dehors peuvent la renvérſer
ſoudainement. De plus, elle s'uſe pour rien,
& fait des Efforts ruïneux pour une Supériorité,
qui ne lui donne rien d'effectif, & qui l'expoſe
à toutes ſortes de Deshonneurs & de Dangers.
De tous les Etats, c'eſt certainement le plus
mauvais: d'autant plus qu'il ne peut jamais a-
boutir, dans ſa plus étonnante Proſperité, qu'à
paſſer dans le prémier Syſtème, que nous avons
déja reconnu injuſte, & pernicieux.

Le troiſiéme Syſtème eſt d'une Puiſſance inférieure à un autre, mais en ſorte que l'inférieure, unie au Reſte de l'Europe, fait l'Equilibre contre la ſupérieure, & la Sureté de tous
les autres moindres Etats. Ce Syſtème a ſes In-
commoditez & ſes Inconvéniens; mais, il riſ-
que moins que le précédent: parce qu'on eſt
ſur la Défenſive, qu'on s'épuiſe moins, qu'on
a des Alliés, & qu'on n'eſt point d'ordinaire,
dans cet Etat d'Infériorité, dans l'Aveuglement
& dans la Préſomption inſenſée, qui menace
de Ruine ceux qui prévalent. On voit preſque
toûjours, qu'avec un peu de Tems, ceux, qui

avoient

avoient prévalu, s'usent, & commencent à dé-
cheoir. Pourvû que cet Etat inférieur soit sage,
modéré, ferme dans ses Alliances, precautioné
pour ne leur donner aucun Ombrage, & pour
ne rien faire que par leur Avis pour l'Interêt
commun, il occupe cette Puissance supérieure
jusqu'à ce qu'elle baisse.

Le quatriéme Systeme est d'une Puissance à
peu près égale à une autre ; avec la quelle
elle fait l'Equilibre pour la Sureté publique.
Etre dans cet Etat, & n'en vouloir point sortir
par Ambition, c'est l'Etat le plus sage & le
plus heureux. Vous êtes l'Arbitre commun.
Tous vos Voisins sont vos Amis : du moins,
ceux, qui ne le sont pas, se rendent par-là
suspects à tous les autres. Vous ne faites rien,
qui ne paroisse fait pour vos Voisins aussi-bien
que pour vos Peuples. Vous vous fortifiez
tous les jours. Et si vous parvenez, comme
cela est presque infaillible à la longue par un
sage Gouvernement, à avoir plus de Forces
intérieures, & plus d'Alliances au dehors, que
la Puissance jalouse de la vôtre ; alors, il faut
s'affermir de plus en plus dans cette sage Modération qui vous borne à entretenir l'Equilibre
& la Sureté commune. Il faut toûjours se
souvenir des Maux que coutent au dedans &
au dehors de son Etat les grandes Conquêtes ;
du Risque, qu'il y a à les entreprendre ;
qu'elles sont sans Fruit ; & , enfin, de la Vanité, de l'Inutilité, du peu de Durée, des
grands Empires, & des Ravages qu'ils causent
en tombant.   MAIS,

MAIS, comme il n'eſt pas permis d'eſpérer, qu'une Puiſſance ſupérieure à toutes les au-tres, demeure longtems ſans abuſer de cette Supériorité ; un Prince bien ſage, & bien juſte, ne doit jamais ſouhaiter de laiſſer à ſes Suc-ceſſeurs, qui feront, ſelon toutes les Appa-rences, moins modérez que lui, cette con-tinuelle & violente Tentation d'une Supériorité trop déclarée. Pour le Bien même de ſes Suc-ceſſeurs & de ſes Peuples, il doit ſe borner à une Eſpece d'Egalité. Il eſt vrai, qu'il y a deux Sortes de Supérioritez. L'une extérieure, qui conſiſte en Etenduë de Terres, en Places fortifiées, en Paſſages pour entrer dans les Terres de ſes Voiſins, &c. Celle-là ne fait que cauſer des Tentations, auſſi funeſtes à ſoi-même qu'à ſes Voiſins ; qu'exciter la Haine, la Jalouſie, & les Ligues. L'autre eſt inté-rieure & ſolide. Elle conſiſte dans un Peuple plus nombreux, mieux diſcipliné, plus appli-qué à la Culture des Terres & aux Arts né-ceſſaires. Cette Supériorité, d'ordinaire, eſt facile à acquérir, ſûre, à l'abri de l'Envie & des Ligues ; plus propre même que les Con-quêtes, & que les Places fortes, à rendre un Peuple invincible. On ne ſauroit donc trop chercher cette ſeconde Superiorité, ni trop éviter la prémiére, qui n'a qu'un faux Eclat.

Achevé de tranſcrire, à la Haye, le 30. de May 1720, d'après une Copie faite ſur une qui ſortoit de l'Hôtel de Beauvillier.

F I N.

H

AU

✠✠✠✠✠✠✠✠✠✠✠✠✠✠✠✠✠✠✠✠✠✠✠✠✠✠✠✠

AUTRE

SUPPLÉMENT,

Contenant diverses Maximes de saine Politique, & de sage Administration, tirées, tant des autres Ecrits de Mr. de Cambrai, que de ses simples Conversations.

TOUTES les Nations de la Terre ne font que les différentes Familles d'une même République, dont Dieu est le Pere commun. La Loi Naturelle & Universelle, selon la quelle il veut que chaque Famille soit gouvernée, est de préférer le Bien public à l'Intérêt particulier.

Si les Hommes suivoient exactement cette Loi Naturelle, chacun feroit, & par Raison, & par Amitié, ce qu'il ne fait à présent que par Crainte, ou par Intérêt. Mais, les Passions, malheureusement, nous aveuglent, nous corrompent, & nous empêchent ainsi de connoître & d'aimer cette grande & sage Loi. Il a fallu l'expliquer, & la faire exécuter, par des Loix Civiles; &, par conséquent, établir une Autorité suprême, qui jugeât en dernier Ressort, & à la quelle tous les Hommes pussent avoir Recours, comme à la Source de l'Unité Politique & de l'Ordre Civil. Autrement, il y auroit autant de Gouvernemens arbitraires, qu'il y a de Têtes.

L'Amour

L'Amour du Peuple, le Bien Public, l'Intérêt géneral de la Société, eſt donc la Loi immuable & univerſelle des Souverains. Cette Loi eſt antérieure à tout Contract. Elle eſt fondée ſur la Nature même. Elle eſt la Source & la Régle ſûre de toutes les autres Loix. Celui qui gouverne, doit être le prémier & le plus obéïſſant à cette Loi primitive. Il peut tout ſur les Peuples; mais, cette Loi doit pouvoir tout ſur lui. Le Pere commun de la grande Famille ne lui a confié ſes Enfans, que pour les rendre heureux. Il veut, qu'un ſeul Homme ſerve, par ſa Sageſſe, à la Félicité de tant d'Hommes; & non que tant d'Hommes ſervent, par leur Miſére, à flatter l'Orgueüil d'un ſeul. Ce n'eſt point pour lui-même, que Dieu l'a fait Roi. Il ne l'eſt, que pour être l'Homme des Peuples: & il n'eſt digne de la Roïauté, qu'autant qu'il s'oublie réellement lui-même pour le Bien Public.

Le Deſpotiſme tirannique des Souverains eſt un Attentat ſur les Droits de la Fraternité Humaine. C'eſt renverſer la grande & ſage Loi de la Nature, dont ils ne doivent être que les Conſervateurs. Le Deſpotiſme de la Multitude eſt une Puiſſance folle & aveugle, qui ſe forcene contre elle-même. Un Peuple, gâté par une Liberté exceſſive, eſt le plus inſupportable de tous les Tirans. La Sageſſe de tout Gouvernement, quel qu'il ſoit, conſiſte à trouver le juſte Milieu, entre ces deux Extrémitez affreuſes, dans une Liberté modérée par la

 ſeule

seule Autorité des Loix. Mais, les Hommes, aveugles & ennemis d'eux-mêmes, ne sauroient se borner à ce juste Milieu.

Triste Etat de la Nature Humaine ! Les Souverains, jaloux de leur Autorité, veulent toûjours l'étendre. Les Peuples, passionnez pour leur Liberté, veulent toûjours l'augmenter. Il vaut mieux cependant souffrir, pour l'Amour de l'Ordre, les Maux inévitables dans tous les Etat, même les plus réglez, que de secouër le Joug de toute Autorité, en se livrant sans cesse aux Fureurs de la Multitude, qui agit sans Regle & sans Loi. Quand l'Autorité Souveraine est donc une fois fixée, par les Loix fondamentales, dans un seul, dans peu, ou dans plusieurs, il faut en supporter les Abus, si l'on ne peut y remédier par des Voïes compatibles avec l'Ordre.

Toutes ces Sortes de Gouvernemens sont nécessairement imparfaits, puis qu'on ne peut confier l'Autorité Suprême qu'à des Hommes. Et toutes Sortes de Gouvernement sont bonnes, quand ceux, qui gouvernent, suivent la grande Loi du Bien Public. Dans la Théorie, certaines Formes paroissent meilleures que d'autres ; mais, dans la Pratique, la Foiblesse ou la Corruption des Hommes, sujets aux mêmes Passions, exposent tous les Etats à des Inconvéniens à-peu-près égaux. Deux ou trois Hommes entraînent toûjours le Monarque, ou le Sénat.

On ne trouvera donc pas le Bonheur de la
So-

ociété Humaine, en changeant & bouleversant les Formes déja établies : mais, en infpirant aux Souverains, que la Sureté de leur Empire dépend du Bonheur de leurs Sujets ; &, aux Peuples, que leur Solide & vrai Bonheur demande la Subordination. La Liberté fans Ordre eft un Libertinage, qui attire le Defpotifme. L'Ordre fans la Liberté eft un Efclavage, qui fe perd dans l'Anarchie.

D'un Côté, on doit apprendre aux Princes, que le Pouvoir fans Bornes eft une Frénéfie, qui ruïne leur propre Autorité. Quand les Souverains s'accoutument à ne connoître d'autres Loix que leurs Volontez abfoluës, ils fappent le Fondement de leur Puiffance. Il viendra une Révolution foudaine & violente, qui, loin de modérer leur Autorité exceffive, l'abbatra fans Reffource.

D'un autre Côté, on doit enfeigner aux Peuples, que les Souverains étant expofez aux Haines, aux Jaloufies, aux Bévûes involontaires ; qui ont des Conféquences affreufes mais imprévuës, il faut plaindre les Rois, & les excufer. Les Hommes font à la vérité malheureux d'avoir à être gouvernez par un Roi, qui n'eft qu'un Homme femblable à eux : car, il faudroit des Dieux, pour rédreffer les Hommes. Mais, les Rois ne font pas moins infortunez, n'étant qu'Hommes, c'eft-à-dire foibles & imparfaits, d'avoir à gouverner cette Multitude innombrable d'Hommes corrompus & trompeurs.

PAR ces Maximes, également convenables à
tous

tous les Etats, & en conservant ainsi la Subordination des Rangs, on peut concilier la Liberté du Peuple avec l'Obéïssance duë aux Souverains, & rendre les Hommes tout ensemble bons Citoïens, & fidéles Sujets, soûmis sans être esclaves, & libres sans être effrénez. Le pur Amour de l'Ordre est la Source de toutes les Vertus Politiques, aussi-bien que de toutes les Vertus Divines.

,, Enfant de St. Louis, disoit le sage & pieux Prélat à son illustre Eleve dans une de ses Lettres ,, imitez vô-
,, tre Pere. Soïés, comme lui, doux, humain, accessible,
,, affable, compatissant, & liberal. Que vôtre Grandeur
,, ne vous empéche jamais de descendre avec Bonté jus-
,, ques aux plus petits, pour vous mettre à leur Place ; &
,, que cette Bonté n'affoiblisse jamais, ni vôtre Autorité,
,, ni leur Respect. Etudiez sans cesse les Hommes. Appre-
,, nez à vous en servir, sans vous lier à eux. Allez cher-
,, cher le Mérite jusqu'au Bout du Monde. D'ordinaire, il
,, demeure modeste & reculé. La Vertu ne perce point la
,, Foule. Elle n'a, ni Avidité, ni Empressément ; Elle se
,, laisse oublier. Ne vous laissez point obséder par des Es-
,, prits flatteurs & insinuans. Faites sentir, que vous n'ai-
,, mez, ni les Loüanges, ni les Bassesses. Ne montrez
,, de la Confiance, qu'à ceux qui ont le Courage de vous
,, contredire avec Respect, & qui aiment mieux vôtre Ré-
,, putation, que vôtre Faveur.

,, Il est Tems, que vous montriés au Monde une Ma-
,, turité, & une Vigueur d'Esprit, proportionnées au Bé-
,, soin présent. St. Loüis, à vôtre Age, étoit déja les
,, Délices des Bons, & la Terreur des Méchans. Laissez
,, donc tous les Amusemens de l'Age passé. Faites voir,
,, que vous pensez, & que vous sentez, ce qu'un Prince
,, doit penser & sentir. Il faut que les Bons vous aiment,
,, que les Méchans vous craignent, & que tous vous esti-
,, ment. Hâtez-vous de vous corriger, pour travailler uti-
,, lement à corriger les autres.

,, La Piété n'a rien de foible, ni de triste, ni de gé-
,, né-

„ né. Elle élargit le Cœur. Elle est simple, & aimable.
„ Elle se fait tout à tous, pour les gagner tous. Le
„ Roïaume de Dieu ne consiste pas dans une scrupuleuse
„ Observation de petites Formalitez, il consiste pour châ-
„ cun dans les Vertus propres à son Etat. Un grand Prin-
„ ce ne doit pas servir Dieu de la même Façon, qu'un So-
„ litaire, ou qu'un simple Particulier.

„ St. Louis s'est sanctifié en grand Roi. Il étoit intrépide
„ à la Guerre, décisif dans ses Conseils, supérieur aux au-
„ tres par la Noblesse de ses Sentimens, sans Hauteur, sans
„ Présomption, sans Dureté. Il suivoit en tout les véri-
„ tables Intérêts de sa Nation, dont il étoit autant le Pere,
„ que le Roi. Il voyoit tout de ses propres Yeux, dans les
„ Affaires principales. Il étoit appliqué, prévoyant, modé-
„ ré, droit, & ferme, dans les Négociations ; en sorte
„ que les Etrangers ne se fioient pas moins à lui, que ses
„ propres Sujets, Jamais Prince ne fut plus sage pour po-
„ licer les Peuples, & pour les rendre tout ensemble bons
„ & heureux. Il aimoit avec Confiance & Tendresse tous
„ ceux qu'il devoit aimer ; mais, il étoit ferme, pour cor-
„ riger ceux qu'il aimoit le plus. Il étoit noble & mag-
„ nifique selon les Mœurs de son Tems, mais sans Faste
„ & sans Luxe. Sa Dépense, qui étoit grande, se faisoit
„ avec tant d'Ordre, qu'elle ne l'empêchôit pas de déga-
„ ger tout son Domaine.

„ Soye's Héritier de ses Vertus, avant que de l'être de
„ sa Couronne. Invoquez-le avec Confiance dans vos Be-
„ soins. Souvenez-vous, que son Sang coule dans vos
„ Veines, & que l'Esprit de Foi, qui l'a sanctifié, doit
„ être la Vie de vôtre Cœur. Il vous regarde du Haut du
„ Ciel, où il prie pour vous, & où il veut que vous rég-
„ niés un jour en Dieu avec lui. Unissez donc vôtre
„ Cœur au sien. *Conserva Fili mi, Præcepta Patris tui.*„

AUTANT affectionné au Bonheur du Genre-Humain en
géneral, qu'à celui de sa propre Nation en particulier ; &
autant Ennemi de la Violence & de la Persécution, qu'A-

mi sincere de la Justice & de l'Equité; voici les sages & judicieux Conseils, que nôtre illustre Prélat donna au Chevalier de St. George, lors qu'il fût le voir à Cambrai en 1709. ou 10.

,, Sur toutes Choses, ne forcez jamais vos Sujets à
,, changer leur Religion. Nulle Puissance Humaine ne peut
,, forcer le Retranchement impénétrable de la Liberté du
,, Cœur. La Force ne peut jamais persuader les Hommes :
,, elle ne fait que des Hipocrites. Quand les Rois se mê-
,, lent de Religion au lieu de la protéger, ils la met-
,, tent en Servitude. Accordez à tous la Tolérance Civile :
,, non, en approuvant tout, comme indifférent; mais,
,, en souffrant avec Patience tout ce que Dieu souffre,
,, & en tâchant de ramener les Hommes par une douce
,, Persuasion. ,,

Considérez attentivement qu'els sont ,, les Avantages
,, que vous pouvez tirer de la Forme du Gouvernement de
,, vôtre Païs, & des Egards que vous devez avoir pour
,, vôtre Sénat. Ce Tribunal ne peut rien sans vous. N'ê-
,, tes-vous pas assez puissant? Vous ne pouvez rien sans
,, lui. N'êtes-vous pas heureux d'être libre pour faire tout
,, le Bien que vous vous voudriés, & d'avoir les Mains
,, liées quand vous voudriés faire du Mal? Tout Prince sa-
,, ge doit souhaiter de n'être que l'Exécuteur des Loix, &
,, d'avoir un Conseil suprême, qui modére son Auto-
,, rité. L'Autorité paternelle est le prémier Modele des
,, Gouvernemens. Tout bon Pere doit agir de concert avec
,, ses Enfans, les plus sages, & les plus expérimentez, ,,

Le *Télémaque*, où l'*Utile* se trouve si industrieusement
& si sagement enchassé parmi l'*Agréable*, est tout rempli
de semblables Conseils, qu'il seroit extrêmement à souhaiter pour le Bonheur du Genre-Humain, que les Souverains
de tous les Etats voulussent bien écoûter & suivre, mais
qu'il seroit tout-à-fait superflu de transcrire ici, vû que cet
excellent Ouvrage se rencontre actuellement par tout, &
entre les Mains de tout le Monde.

F I N.

LA

LA SAGESSE HUMAINE,

OU LE

PORTRAIT

D'UN

HONNETE-HOMME,

PAR LE MEME

Archeveque de Cambrai,

Imprimé en Placard, tant à l'Usage de son Dio-
cese, que de ceux relevans de sa Métropole.

Maxime I.

Rendez *au Créateur ce que l'on doit lui rendre.*
Réflechissez avant que de rien entreprendre.
Point de Société, qu'avec d'honnétes Gens.
Et ne vous flattez point de vos heureux Talens.

Maxime II.

Conformez-vous *toûjours aux Sentimens des*
    autres :
Cédez honnêtement, si l'on combat les vôtres.
Donnez attention à tout ce qu'on vous dit :
Et n'affectez jamais d'avoir beaucoup d'Esprit.

I   Maxi-

MAXIME III.

N'ENTRETENEZ *perſonne au-de-là de ſa Sphere:*
Et dans tous vos Diſcours tachez d'être ſincére.
Tenez vôtre Parole inviolablement ;
Et ne promettez point inconſidérément.

MAXIME IV.

SOIEZ *officieux , complaiſant , doux , affable ,*
Et pour tous les Humains d'un Abord favorable
Sans être familier , aiés un Air aiſé :
Ne décidez de rien , qu'après avoir peſé.

MAXIME V.

AIMEZ *ſans Intérêt , pardonnez ſans Foibleſſe.*
Choiſiſſiez vos Amis avec Délicateſſe :
Cultivez avec Soin l'Amitié d'un chacun.
A l'égard des Procès , n'en intentez aucun.

MAXIME VI.

NE *vous informez point des Affaires des autres:*
Sans Affectation taiſez-vous ſur les vôtres.
Prétez de Bonne-Grace , avec diſcernement.
S'il faut recompenſer , faites-le noblement.

MAXIME VII.

EN *quelque heureux Etat que vous puiſſiés pa-*
roître ,
Que ce ſoit ſans Excès , & ſans vous méconnoître.
Com-

9 782329 479446